JN121081

中村哲という希望

日本国憲法を実行した男

佐高信×高世仁

写真：PMS（平和医療団・日本）

はじめに

リメンバー中村哲

佐高信

現首相、岸田文雄を私は岸田晋三と言っている。下半身が安倍晋三だからである。月とスッポンで比較したくはないが、いま、日本は中村哲を選ぶのか、岸田晋三を選ぶのかの岐路に立っている。

自民党にどこまでもついていきます下駄の雪の公明党（創価学会）のように、岸田軍拡に賛成の人は中村哲を否定する人である。

「軍備で暮らしは守れない」ことを中村は実践で示した。軍拡に賛成しない人、つまりは平和憲法を守れと叫ぶ人は頭がお花畑だとタカ派ならぬバカ派は叫ぶが、アフガニスタンの地で中村は平和をつくりだしたではないか。そして、世界の人は中村に拍手を送っているではないか。その、いわば日本の宝をなぜもっと大切にしないのか。

中村を私は「歩く日本国憲法」と言った。中村の生涯と実績をたどりながら、改めて「軍備で暮らしは守れない」ことを強調したい。

中村は「一触即発の大地で、丸腰こそが事業達成の最大前提である」と語った。丸腰こそが勇気だと激することなく中村は語ったのである。

人物鑑定に厳しいノンフィクション作家の澤地久枝が中村に惚れ込んでつくった澤地と中村の共著『人は愛するに足り、真心は信ずるに足る』（岩波書店）で、中村はこう言っている。

「よく憲法改正が話題になりますが、私が言うのは、憲法改正の投票は、日本がアメリカ合衆国の五一番目の州になるかどうか、国民投票で決めてからにしてくれと……（笑）。でも、なかなか冗談が通じないです」

冗談も言う人なのである。

それで私は二〇〇二年五月一七日号の『週刊金曜日』で対談した時に、こう語りかけた。

「中村さんって、風貌とか中国の魯迅に似ているなあ」

すると中村は喜んで、

「うわあ、それは光栄だな（笑）。自分では医者という職だから、そういう眼で見てくれるんじゃなかろうか、という期待感はあるんですけど。でも、お医者さんと思われたことはないですね。日本でも外国でも」

と答えたので、

「だいたい、なんて言われるんですか」

と尋ねたら、「百姓」か「土建屋のおっさん」だった。そして、

「お医者さんらしい人っているじゃないですか。ネクタイ締めてすらっとして」

と続けた中村に、私は、

「でも、その清潔感の裏を返すと、何をやっているかわかんない人もいる。しかし、中村さんは、裏表ないって感じでしょう」

と返したが、その後の述懐が中村らしかった。

「裏表つくるとあとが大変ですから。だいたいホンネで通すことにしているんです。一つ隠すと二つも三つもウソをつかなくちゃいけないですからね」

中村は憲法が日本にとって一番大事だと言う。

「あれだけの犠牲を払った上でつくられたものだから、一つの成果じゃないかと思います。それを守らずして、国を守るもないですよね。だから、それこそ憲法というのは国の掟、法の親玉みたいなものなんじゃないですかね。憲法をあやふやにして国家をどうのこうのというのはおかしい。それで靖国の英霊がどうのこうのというのは、結局彼らをテロリストにしちゃうんですよね。日本国憲法というのは、本当は戦争の犠牲の上にできたものですよ。それを改憲と言う人はコケにしたんだ。道徳的な心棒もそれでなくなっていく。非常に悪いですよね」

治安の悪いアフガニスタンで、中村は平和憲法が大事だと強調した。

「あれは世界中の人が憧れている理想であってね、守る努力はしなくちゃいけないんだ」

そう語った中村は亡くなってしまった。

そして、いま、この国の人たちは理想の平和憲法を改悪し、平和をつくりだした中村を否定しようとしている。

それでいいのか。いいわけはないだろう。

世界に誇れる憲法と中村を改めて高く掲げて軍拡路線に対決しようと、この本は企てられた。

澤地との共著で中村は嘆いている。

「二〇〇一年に衆議院で話して、ほんとうにこの人たちは、日本の行く末をあずけられる政治家だろうかと、目を疑いましたね。戦争といっても、これは殺人行為ですよ。対米協調だとか、国際社会の協力だとか、そんなきれいな、オブラートに包んだような言葉を使っても、協力するということは、殺人幇助罪です。そのことが、ちっとも考えられていない」

中村哲と、彼がやったことを忘れてはいけない。常に〝リメンバー・ナカムラ〟と私たちは叫び続けたい。

そのために私は中村を紙幣の顔にすることを提案したいと思う。そう言ったら、元文

科次官の前川喜平が、

「日本がやらなかったら、アフガニスタンが先にやるかもしれませんね」

と応じた。

日本の今後の目標として、中村ほど明確にそれを示している人もいないだろう。そのためにも、たとえば一万円札の顔に中村をである。

［もくじ］ 解説（高世執筆）→▼　対談→●■

第一章　戦わないために闘う

写真：PMS（平和医療団・日本）

中村哲医師、七三年の歩み

解説：高世 仁

中村哲医師は、三五年の長きにわたり、アフガニスタンとパキスタンで医療活動を行い、干ばつ被害に苦しむ住民を支援するため、無謀と言われた用水路建設にも乗り出した。二〇一九年一二月に七三歳の生涯を閉じたが、中村医師が手掛けた灌漑事業は、いま二万三八〇〇haの沃野を生み六五万人の暮らしを支えている。

休憩時間の中村医師（高世撮影）

一九四六年九月一五日、父・中村勉、母・秀子の長男として福岡市に生まれる。二歳から母の実家、玉井家のある若松市（現北九州市若松区）に住む。

伯父は芥川賞作家の火野葦平。祖父は、火野の実話小説『花と龍』のモデル、若松港で石炭の沖仲仕組合「玉井組」を率いた玉井金五郎。中村は、祖母（金五郎の妻）マンの説教が倫理感の根っこになったという。

> 弱者は率先してかばうべきこと、職業に貴賤がないこと、どんな小さな生き物の命も尊ぶべきことなどは、みな祖母の説教を繰り返しているだけのことだと思うことがある
> （中村哲）

『天、共に在り　アフガニスタン三十年の闘い』二〇一三年、NHK出版

六歳のとき福岡県古賀町（現古賀市）に引っ越す。幼いころは病弱だったが、古賀西小学校の三年から虫とりに夢中になり、さかんに山歩きをした。

> ファーブルの『昆虫記』を読み、新しい世界にますますのめりこんでいった。また、盛んに山を歩いたので足腰が鍛えられ、山歩きは少しも苦にならなくなった

同右

西南学院中に進学してキリスト教に出会い、中三のとき洗礼を受ける。県立福岡高校から九州大学の医学部に進学。

大学在学中の六八年一月、米原子力空母「エンタープライズ」が佐世保に入港、同年六月には米軍偵察機「ファントム」が九州大学構内に墜落する事故が起きた。学生運動に熱心だった中村は、街頭での激しい抗議活動に参加して警察に捕まり留置される。

当時は、実際に戦地から生き延びて戻った人々が社会の中堅にいたし、九州の各地で行われた空襲の記憶、特に長崎の原爆の記憶は生々しく、ほとんどの人々が素朴な心情でエンタープライズ号寄港に猛反発した。私もその一人で、積極的な実力行動を支持した

『ペシャワールにて 増補版・癩そしてアフガン難民』一九九二年、石風社

党派闘争など人々の平和の願いとかけ離れた政治性を嫌って学生運動から離れる一方、医学界の醜さに絶望して一年休学し、スチール家具の製造工になる。その後復学し、七三年に医学部卒業と同時に国立肥前療養所（佐賀県）に精神神経科の医師として勤務。七五年からは福岡県大牟田市の労災病院で神経科医として四年間勤務する。

七八年（三一歳）、福岡登高会のティリチ・ミール山（ヒンズークッシュ山脈の最高峰）遠征隊に医師として同行、パキスタンに入国する。遠征隊に加わった動機の一つは、山が好きで珍しい蝶を見たいためだったが、道中、診療を求めて中村の元に殺到する人々を前に、医療過疎の実態を体験する。

みちすがら、失明したトラコーマの老婆や一目でハンセン病とわかる村民に『待って下さい』と追いすがられながらも見捨てざるを得なかった。これは私の中で大きな傷となって、

同右

キャラバンの楽しさも重い気持ちで半減してしまった

翌年一一月、中村は新婚旅行でパキスタンを再訪。その翌月、ソ連がアフガニスタンに軍事侵攻した。

八四年(三七歳)、JOCS(日本キリスト教海外医療協力会)から、医療支援のためのパキスタンの「ペシャワール・ミッション病院」に派遣される。中村は現地に専門医のほとんどいない**らい**病(ハンセン病)を担当する。前年には中村の活動を支援する「ペシャワール会」が発足。

当地への赴任は最初にヒンズークッシュ山脈を訪れたときのひとつの衝撃の帰結であり、あまりの不平等という不条理にたいする復讐でもあった

ペシャワールはアフガニスタン国境から五〇km。周辺は民族も文化もアフガニスタンと一体で、患者にはソ連軍に追われたアフガニスタン難民も多く、八六年から難民キャンプでの医療活動を開始。さらにらい病に限らない、山地無医地区の診療体制を築くためアフガニスタンへの進出を決める。

らい
らい菌による慢性の細菌感染症であり、近年ではその差別的なイメージを嫌い、「ハンセン病」の呼び名が用いられることが多い。しかし、中村医師は「差別の根柢にふれずに、代用語でうわべをとりつくろうのはよくない風潮である」(『アフガニスタンの診療所から』ちくま文庫)として「らい」という正式の医学名を用い続けた。本書においても、中村医師の意を尊重し、「らい」を使用した。

『アフガニスタンの診療所から』二〇〇五年、ちくま文庫

ただ人々の窮状を絶叫するのではなく、現実的な本当に効果のある方法で問題を解決してゆこうとすることが、私たちの仕事を真に実りあるものとする道であり、『分かち合う』ということだろうと私は思います

『ペシャワール会報5号』一九八五年三月

八九年一〇月、ＪＯＣＳを離れ、独自の組織ＪＡＭＳ（日本―アフガン医療サービス）を立ち上げて、アフガニスタン国内の医療支援に乗り出す。九一年末にはダラエ・ヌール渓谷に初のアフガニスタン診療所を開設。もっとも多いときには両国の一一カ所で診療所を運営した。九八年にはＰＭＳ（ペシャワール会メディカル・サービス、のちにピース・メディカル・サービス）病院がペシャワールに開院、パキスタンとアフガニスタン両国の医療活動を統合。二〇〇〇年、ＪＡＭＳの名称を廃止し、アフガニスタン側事業はＰＭＳが直轄する体制になる。

八九年、ソ連軍がアフガニスタンから完全撤退すると、軍閥による内戦で治安が乱れるが、九六年、国土の九割を支配下におくタリバンの政権が樹立された。九八年八月、米国は、ケニアとタンザニアの米国大使館爆破事件への報復として、アルカイダの拠点とされるアフガニスタン東部ジャララバード近郊を巡航ミサイルで攻撃、タリバン政権に対し容疑者の身柄引き渡しを要求。九九年、国連がタリバン政権に経済

制裁を科し、アフガニスタンと「国際社会」との関係が悪化する。

一方、中央アジアは二〇〇〇年、百年に一度とされる大干ばつに襲われ、アフガニスタンでは四〇〇万人が飢餓線上、一〇〇万人が餓死線上(WHO、同年五月)の深刻な事態に陥る。沙漠化する農地を捨てる農民が急増。同年八月、中村はアフガニスタン東部ジャララバードに水源確保事業のための拠点事務所を設置、飲料用および農業用の井戸の掘削、整備を進めた。

外来で列をなして待つ間にわが子が胸の中で死亡、途方に暮れる母親の姿は珍しくなかった

『天、共に在り』

問題は医療以前であって『病気どころではない。まず生きておれ!』という状態だったのである

『ペシャワール会報68号』二〇〇一年七月四日

干ばつに加え経済制裁でアフガニスタンが飢餓と孤立に苦しんでいた〇一年九月一一日に同時多発テロが勃発。米国が「対テロ戦争」を宣言し、米英軍による空襲が始まった一〇月、迫る冬に備え中村は、首都カブールや東部で国内避難民への緊急食糧配給を行

うことを決定。ペシャワール会には六億円の寄付（〇二年一月時点）が寄せられ食糧支援が実現した。この緊急支援活動のただ中に、中村は衆院に参考人として呼ばれている。

自衛隊派遣は有害無益でございます

第一五三回国会での参考人発言（二〇〇一年一〇月一三日）

このとき、中村の次男は、余命宣告を受け闘病していた。中村にとっては東奔西走が続くもっとも忙しい時期で、ゆっくり遊んでやる時間もとれないなか、次男は〇二年一二月二七日深夜に亡くなった。一〇歳だった。

幼い子を失うのはつらいものである。しばらく空白感で呆然と日々を過ごした。今でも夢枕に出てくる。空爆と飢餓で犠牲になった子の親たちの気持ちが、いっそう分かるようになった。（略）公私ないまぜにこみ上げてくる悲憤に支配され、理不尽に肉親を殺された者が復讐に走るが如く、不条理に一矢報いることを改めて誓った。その後展開する新たな闘争は、このとき始まったのである

『医者、用水路を拓く　アフガンの大地から世界の虚構に挑む』二〇〇七年、石風社

〇三年二月、中村はアフガニスタン東部の長期的な農村復興のための、農業用水の安定的な確保にのり出した。難工事を経て大河クナール河から水を引く「マルワリード（真

珠の意）用水路」二五kmが一〇年に完工。これを皮切りに、機能しなくなった取水堰を次々に再生し、灌漑によって干上がった荒れ地は緑豊かな沃野に復活した。

沙漠が緑野に変ずるのを見て、天の恵みを実感できるのは、我々の役得だ。水辺で遊ぶ子供たちの笑顔に、はちきれるような生命の躍動を読み取れるのは、我々の特権だ。そして、これらが平和の基礎である

『ペシャワール会報88号』二〇〇六年六月二八日

水量が多く、流れも急なクナール河から水を引く工事は困難を極め、試行錯誤を繰り返すが、中村は日本の伝統的な灌漑技術を研究して取り入れアフガニスタン現地に適用した。その典型が中村の故郷、福岡県の朝倉市に江戸時代から伝わる山田堰で、現地で調達できる材料を用いて、現地の人が修復し、メンテナンスできる技術により灌漑設備を建設していった。

現地の強い要請を受けモスクとその付属学校マドラサをも建設。米軍が「過激イスラム主義の温床」としてモスクやマドラサを爆撃する事件が日常化していたが、中村は人々が生きる上で不可欠のものと判断して建設に着手し、二〇一〇年に落成した。

地鎮祭の折、人々が叫んだ声が印象的である。『解放だ。これで俺たちは自由になっ

『天、共に在り』

用水路通水前のスランプール平野　写真：PMS（平和医療団・日本）

通水から約3年後のスランプール平野　写真：同

たんだ!』 伝統文化そのものを否定されてきた人々にとり、『水』にも劣らぬ拠り所を回復したとも言える

一八年二月七日にアフガニスタン国家勲章を授与され、一九年一〇月七日には名誉市民に叙された。

一九年一二月四日、ジャララバード市内で、用水路建設地に向かう途中、何者かに銃撃され、中村は同行のアフガニスタン人五人とともに死亡した。

軍拡の岸田か平和の中村か

高 今日のロシアによるウクライナ侵略を見ると、戦争というものは始まるとなかなかやめられない、だから戦争ってやっちゃいけないとつくづく思うわけですが、最初に中村哲さんと言えば、二〇〇一年九月一一日に同時多発テロが起きた後、自衛隊派遣をめぐって国会に参考人として招かれたときのことを思いだします。中村さんは「自衛隊派遣は有害無益」と言い切りました。あのときの毅然(きぜん)とした発言は非常に印象に残ってるんですが、あの辺の話から始めたいと思います。

アメリカは、アフガニスタンへの武力行使を明確に認める安保理決議を得られなかっためにに、テロとの戦いに協力してくれと英国や日本などの同盟国に呼びかけました。そして結局、日本は有志連合の一員となって、海上自衛隊の護衛艦と補給艦がインド洋に派遣され米軍の軍事作戦を支援しました。それは日本の戦後史、それから日本国憲法にとっても一つの大きな転機になったと思うんですね。その状況での中村さんの発言の意味を考えていきたいと思います。

あのときはアメリカ軍への支援行動として、日本の周辺地域を越えて初めて自衛隊を派遣する事態だったわけです。ただ当時は、集団的自衛権は使えない、武力行使はしない、戦闘地域には派遣しないということを一応歯止めにはしていた。

それから、ちょうどそのころ、『読売新聞』が提言を出して、湾岸戦争の教訓を生かせと。要するに「ショー・ザ・フラッグ」で、金だけ出すんじゃなくて、一国平和主義意識を捨てて集団的自衛権の行使を認めよと、そういうことを先取りしてジャーナリズムが言っています。

ただ、今から見ると、中村さんの先見性が光ります。二〇二一年八月、侵攻後二〇年たって結局アメリカはアフガンから敗退し、タリバンが政権に復帰します。『アフガニスタン・ペーパーズ』っていう本があります。米紙『ワシントン・ポスト』が膨大な公文書にもとづいて調査報道を行ったもので、三代のアメリカ大統領と軍と政府のトップクラスの人たちがみんなアメリカ国民に対してうそを言ってたと結論づけています。実際は負け続けてるのに勝ってる、みんなうまくいってるんだとうそをついてきた。アメリカ国民も世界の多くの人も騙されてきたわけですが、中村さんはタリバンが勝ってアメリカは負けるだろうと早くから予言していました。

佐 Twitterは苦手なんだけど、やってるんですよ、時々ね。今度、軍拡の岸田文雄か、平和の中村哲かっていうツイートをしたんですね。つまり、よく分かりやすくするために、シンボリックな人物で訴えていく。

中村哲さんを日本人の誇りだと言えば、否定する人はいないと思うんですね。でも、中村哲という人の平和的な考え方を空想だとお花畑だとか、なんかいろいろ言うやつらがいるわけでしょう。そういう潮流に乗っかって、岸田が軍拡を始めてるわけなんだよね。その根っこっていうのは、まさに今あなたがおっしゃった、アフガンへの自衛隊派遣あたりから加速度を増している。

そういう時に、あまり悪いことをしなさそうに見えて、一番悪いことしてるのが岸田文雄。だから、軍拡の岸田か、平和の中村か、それを今あらためて迫らなくちゃならない。中村さんを否定しないっていうことは、岸田を否定しなきゃなんないことだというふうに、今まさに突き付けていかなきゃなんない。そういう意味で、中村哲という人をあらためて振り返るということは必要なんだと思うんですね。

高 そうです。

佐 平和とか希望とか、それだけで中村さんをすごい人だっていうんじゃなくて、平和を侵すものは誰なのかという、今は「岸田文雄か中村哲かっていう選択だ」というふうに言いたいですね。それは中村さんに対しては失礼な話なのかもしれないけども。ただ、その選択肢を突き付けないと、中村さんのやろうとしたことが浮かび上がらない。中村さんって偉大な人だけれど、その中村さんを否定するのが今の岸田たちなんだということを打ち出さないと。影っていうか、悪を浮き彫りにしないと、こっちが光らないっていうことをすごく感じています。

中村さんの功績を私もたたえますよ。いい人なんだよね。ただ、いい人っていうのは、悪いやつらに軽くやられるっていう感じがあって。だから、悪の正体っていうか、中村哲を否定する者の正体っていうのを、中村哲を通じて明らかにしていくということがないと、「中村さん、偉かったね」だけで終わってしまうということを私はすごく思うの。だからあえて、それこそ岸田文雄か中村哲というくらいの選択を突き付けないといけない。

今、高世さん言われたように、ウクライナ侵攻で軍拡の危機が迫ってきている。この間、私が関わっている**共同テーブル**で、「『新しい戦前にさせない』連続シンポジウム」っていう集会をやって。そこから派生して女性たちだけでジャーナリストの竹信三恵子、弁護

共同テーブル
二〇二二年、日本国憲法にもとづく平和外交・脱原発・雇用再建・反差別などの理念に賛同する市民によって結成。さまざまなテーマでシンポジウム、情報発信を行っている。佐高信は発起人の一人。社民党や新社会党などが賛同している。

士の杉浦ひとみ、それから元法政大学総長の田中優子、それから上野千鶴子も入って集会をやった。だからそれは、そういうふうに危機感を感じてる時に、やっぱり中村哲を否定するやつらっていうのを、中村を語る時に押し出していくっていうことがすごく必要だと思う。

私は最初に主催者あいさつをしたんだけれど、前の戦争の時は、女性には選挙権がなかったわけですよね。だから、ある意味で最初の闘い。今回の軍拡がストップできるかどうかが最初の闘いだと思うんですよね。だからこそ、女性たちが中村さんを積極的に担いで、彼がやったような形での平和の構築はあり得るということを、具体的に押し出していくことが必要だと思うんですよね。

高 中村さんも闘ってるんですよね。必ず言ってます、闘わなきゃなんないって。実際、国会でも参考人に行って真っ正面からぶつかったわけですよね。平和を阻害する者については、はっきり闘わなくてはならないっていうのを非常に強く言ってます。

佐 だから、戦わないために闘うんですよね。それにはいろんな方法があって、フリッツ・ホルムっていう人が、これ何かフィクションらしいんだけど、（第一次大戦後に）戦争絶滅受合法案っていうのを考えた。

何かっていうと、つまり、元首とその家族を最前線に送るという法案なんですよ。だから、例えばプーチンならプーチンの奥さんでも愛人でもいいけど、それを最前線に看護師として送るとか、そういうのをやる。当然、それはやりたくないから戦争をしない。

それこそ岸田翔太郎ね、岸田の息子を最前線に送る。リーダーは戦争には行かなくて済むと思っているかもしれないけど、リーダーになって、最終的に戦争をやると決めたなら、自分と息子が最前線に行く。そういう具体的な提案、知恵っていうのは、ある種総動員していかなきゃなんない時だという感じがするんですよね。

中村哲の国会参考人発言をめぐって

中村医師は、二〇〇一年と二〇〇八年に国会に参考人として招かれ、発言している。国民の代表である国会議員に向けた発言には、その時に日本の人々に分かってほしいことが凝縮している。

まず、二〇〇一年一〇月一八日の衆議院「国際テロリズムの防止及び我が国の協力支援活動等に関する特別委員会」での参考人発言である。

二〇〇一年は激動の年だった。大干ばつの中、一月には国連がアフガニスタンに経済制裁を始める。医療どころではないと、中村医師が井戸掘りなど水を確保する活動をするなか、次男が余命宣告を受ける。そこに起きたのが九・一一同時多発テロ事件だった。一〇月、ペシャワール会は食糧配布計画「アフガンいのちの基金」を発表。一方、米英はアフガニスタンに無差別爆撃を開始した。日本では国会に自衛隊を派遣する「テロ特措法」などが上程され、審議されていた。

中村参考人 皆様、御苦労さまです。中村と申します。

もう現地に行きまして約十七年半になりますが、私、実は国内で何が起きているのかよくわかりませんで、失礼ですけれども。ただ、向こうから戻りまして、余りに現実を踏まえない図式に基づいた議論だけが先行、失礼な話でございますが、本当にアフガニスタンの実情を知って話が進んでおるのだろうか、率直な意見を持つわけでございます。

きょうは、私は、全くの政治音痴でして、左も右もわからないという中で、さっき忌憚のない意見ということをおっしゃいましたので、忌憚のない意見を述べたいと思います。

ただ、その際に、そう言いますと、すぐ烙印を押されまして、日本全体がもうテロ対策、アメリカを守るためにどうするんだ、タリバンというのは悪いやつだという図式で動いておりますので、あたかもこれを守るような発言をいたしますと、すぐタリバン派だと言われる。私は、断っておきますが、タリバンの回し者ではありません。それからイスラム教徒ではありません。キリスト教徒でございます。こういう、憲法がどうだとか、そういう法律のことはよくわかりませんので、ともかく、今現地で何が起きているのか、何が問題なのかという事実を皆さんに伝えたいというふうに思っております。(略)

今、私たちが恐れておるのは、難民難民という議論が先ほどからございますけれども、カブール、これは首都カブールが最も大きな町ですけれども、カブールだけではなくてほかの都市もそうですが、飢餓です。飢餓であります。現地は今から寒い時期に入ってくる。市民は越冬の段階に入ってきておる。今支援をしなければ、ことしの冬、（略）先ほど申しましたように約一割の市民が餓死するであろうというふうに思われます。このため、私たちは、緊急の炊き出しとでも申しますか、食糧配給を開始いたしまして、既にその準備は完了いたしました。

私たちが訴えたいのは、難民が出てからでは、これは手間もかかるし金もかかるというだけではなくて、悲劇が大きくなる。難民を出さない努力というのをまずやらなくちゃいけないというのが、現地におる私たちとしてはぜひ訴えたいことでございます。（略）

例えば、いろいろ考え方はありますけれども、テロという暴力手段を防止する道に関しましても、これは暴力に対しては力で抑え込まないとだめだということが何か自明の理のように議論されておる。私たち、現地におりまして、対日感情に、いろいろ話はしませんけれども、日本に対する信頼というのは絶大なものがあるのですね。それが、軍事行為に、報復に参加することによってだめになる可能性があります。

ほかの地域ならともかく、アフリカだとか南アメリカは私はよく知りません、あの地域しか知りませんので、現地に即して言いますと、例えば自衛隊派遣が今取りざたされておるようでありますが、詳しいことは後で御質問で受けたいと思いますけれども、当地のつきり言える。

事情を考えますと有害無益でございます。かえって私たちのあれを損なうということははっきり言える。

私たちが必死で、笑っている方もおられますけれども、私たちが必死でとどめておる数十万の人々、これを本当に守ってくれるのはだれか。私たちが十数年間かけて営々と築いてきた日本に対する信頼感が、現実を基盤にしないディスカッションによって、軍事的プレゼンスによって一挙に崩れ去るということはあり得るわけでございます。

この点、あと、要するに言いたいことは、まず現地はどうなのか、実情はどうなのかということを踏まえた上で何かを決める。私はそういう偉い人ではありませんから、どうしようと日本国民の一人として法律に従いますけれども、アフガニスタンに関する限りは、十分な情報が伝わっておらないという土俵の設定がそもそも観念的な論議の、密室の中で進行しておると言うのは失礼ですけれども、偽らざる感想でございます。

中村医師の発言に自民党の委員らから大きな反発が起きた。

亀井善之委員からは、「有害無益」発言を取り消せとの要請まで出た。

亀井（善）委員　（略）難民支援、今度のこの法案の中にも、自衛隊が憲法の枠内でそれなりの努力をするということをやるわけでございまして、そういう面で、自衛隊の派遣、有害無益で何の役にも立たない旨、このような御発言も耳にしたわけであります。この辺の問題につきましてはぜひお取り消しをいただければと、こう思うわけでありますが。

これに答えて中村医師が、アフガニスタンへの空爆も同時多発テロと同じレベルの蛮行だと言うと、激高した委員らが激しいやじを浴びせ、発言を続けられなくなった。

中村参考人 （前略）ああいう駆逐艦が来る映像がわっと流されてきたりとか、日本軍が来て難民キャンプを設営するとかいうことでございますが、憲法の枠内と枠内でないということは、恥ずかしながら、この私、日本を長く離れておりましてよくわかりませんけれども、現地の大部分の人々にとっては、これはジャパニーズアーミーで、憲法がどうかというのはよくわからないというのが現実ではないかということだと思います。

それから、私の表現が、書かれた表現が英米の蛮行というふうなことは、やや刺激的な言葉でございますけれども、これは私は、このニューヨーク・テロ事件の蛮行というならば、現在進行しておるアフガニスタンへの空爆は蛮行と……（発言する者あり）それは違うというふうにおっしゃいますけれども、テロリスト、テロリズムの本質は何かと申しますと、これは、ある政治目的を達するために市民も何も巻き添えにしてやるということがテロリズムであれば、これは少なくとも、テロリズムとは言わないまでも、同じレベルの報復行為ではないかというふうに理解しております。

まず、例えば自衛隊が……（発言する者あり）ちょっとお聞きしてください。

加藤委員長　参考人の発言中の不規則発言はお控えください。

中村参考人　例えば、武器を持った日本の兵隊さんが、兵隊と言えば、日本では兵隊じゃありませんと言うかもしれませんが、これは外から見ると兵隊なんです、ジャパニーズアーミーと書いてある以上は。兵隊さんが難民キャンプを現地で設立したということは、非常に大きなミリタリープレゼンスととられる。これは疑いないんですね。（後略）

中村医師の警告にもかかわらず、「テロ対策特別措置法」は国会を通過した。政府はこれにもとづき、海上自衛隊の護衛・補給艦をインド洋に派遣し、アメリカをはじめ一一カ国の艦船に給油活動を行った。同法は二年間の時限立法として成立し、政府はアメリカの要請のもと、この法律を三回延長した。

次は二〇〇八年一一月五日の参議院「外交防衛委員会」での参考人発言である。審議されていたのは、「テロ対策海上阻止活動に対する補給支援活動の実施に関する特別措置法」（新テロ特措法）で、〇一年の「テロ特措法」が失効するため、海上自衛隊をインド洋に派遣し、「海上阻止行動」の参加国への補給を行う活動を再開する法案である。

参考人として呼ばれた中村医師は、アフガニスタンの直面する脅威が干ばつによる飢餓であることを強調しつつ、外国軍による「対テロ戦争」こそが治安の悪化を招いていると指摘。さらに、これまで中村たちの身の安全を保証してくれた「日本」への親近感が、米軍への協力により揺らいでいると語った。

参考人（中村哲君）　中村です。

ペシャワール会現地代表として発言を許していただきたいと思います。

私は、実はおとといまでジャララバード北部にあります干ばつ地帯の作業現場で土木作業をやっておりました。なぜそうなのか。今日の議題と一見関係ないようですけれども、実はアフガニスタンを襲っているのは、最も脅威なのは大干ばつでありまして、今年の冬、生きて冬を越せる人がどれぐらいいるのか。恐らく数十万人は生きて冬を越せないだろうという状況の中で、私たちは、一人でも二人でも命を救おうということで力を尽くしております。そのために用水路の建設、これは冬が勝負のしどころでありまして、何とか完成しようということで力を尽くしておるわけであります。

繰り返しますけれども、アフガニスタンにとって現在最も脅威なのは、みんなが食べていけないということであります。（略）

衣食足って礼節を知るといいますけれども、まずみんなが食えることが大切だということで、私たちはこのことを、水それから食物の自給こそアフガニスタンの生命を握る問題だということで、過去、ペシャワール会は干ばつ対策に全力取り組んできました。私たちは医療団体ではありますけれども、医療をしていてこれは非常にむなしい。水と清潔な飲料水と十分な食べ物さえあれば恐らく八割、九割の人は命を落とさずに済んだという苦い体験から、医療団体でありながら干ばつ対策に取り組んでおります。（略）

先ほど冒頭に述べました干ばつとともに、いわゆる対テロ戦争という名前で行われる外国軍の空爆、これが治安悪化に非常な拍車を掛けておるということは、私は是非伝える義務があるかと思います。

一口にいろんな反政府運動だとか武装組織だと言いますけれども、アフガン土着の反抗勢力を見渡してみますと、基本的にアフガンの伝統文化に根差した保守的な国粋主義運動の色彩が非常に濃い。切っても切っても血がにじむように出てくる。決してある特定の、旧タリバーン政権の指令一つで動いておるわけではない。いろんな諸党派が乱立しまして、それぞれに外国軍と抵抗している状態。それから、かつてなく欧米諸国に対する憎悪が民衆の間に拡大しているというのが、私たちは水路現場で一般の農民たちと接し

ておりまして感じる実感であるということは伝えておきたいと思います。（略）

しかも、アフガン農村では復讐というのは絶対のおきてであります。ちょうど赤穂浪士のようなものなんですね。私たちはニュースの上で、アメリカ兵が今年は何名殺された、カナダ兵が何名殺されたということはニュースになりますけれども、その背後には、一人の外国兵の死亡に対して、何でもない普通の人が死ぬアフガン人の犠牲というのはその百倍と考えていい。すなわち、外国人の戦死あるいは犠牲者の百倍の人々が、日々、自爆要員、いわゆるテロリストとして拡大再生産されていく状態にあるということは是非伝えるべきだと私は思います。（略）私が二十五年いる中では現在最もアフガニスタンは治安が悪くなっておる状態だと言うことができると思います。

さらに、対日感情につきましても、これは少しずつ陰りが見えてきておるということは私は是非伝えておく必要があると。かつて広島、長崎というのは現地では有名でありまして、アフガン人の知識人のほとんどは、アフガニスタンの独立と日本の独立が同じ日だというふうに信じている人が多いくらい親日的なんですね。ところが、最近に至りまして、米国の軍事活動に協力しているということがだんだん知れ渡ってくるにつれて、私たちも身辺に危険を感じるようになりました。（略）

かつては、我々、外国人、欧米人と間違えられないために日の丸を付けておれば、まず山の中のどこに行っても安全だった。ところが、今その日の丸を消さざるを得ないという状況に立ち入っているというのが現実であります。（略）日本で当然のように議論のベースになっておる国際社会という言葉、これに私は率直に現地から疑問を呈さざるを得ない。国際社会という実態は何なのか。（略）少なくともアフガニスタン、パキスタンの民衆はその中には入っていないということは言えると思います。私たちは、国際社会、国際協力、国際貢献と言うときに、何をもって国際と言うのかという土俵からして十分な審議を尽くさなくちゃいけないのではないかというふうに思います。

話が長くなりますけれども、やはりこれは、国際というのは、国や国家が、国家、民族、宗教を超えて、人々が互いに理解し合って命を尊重すること、これが平和の基礎であろうと現地にいて分かるわけですね。今、日本はその分かれ目にある。これが最後になりますけれども、いかにより良い世界、より安全で平和な日本を自分たちの子孫に残すか。我々は十年、二十年かすると死ぬ、あるいはぼけてこの世からいなくなってくる。この日本の子孫たちにどういう世界を残すのか、私たちは岐路にあると思います。

中村医師は質疑のなかで、「現地の治安部隊」に外国の政府からの応援が必要かと問われると、治安目的を掲げたとしても、陸上自衛隊の派遣は「有害無益」で「百害あって一利なし」と断言している。中村医師はその裏付けとして、自分たちがどのように地域住民に守られているかを具体的に説いている。

外国の軍事面の援助は一切不要でございます。

具体的な例を挙げますと、これがすべてのアフガン全土に通用するかどうかは別といたしまして、PMS、ペシャワール会のワーカーである伊藤君が死亡した後、現地の治安当局と地元住民が話合いをしまして地域治安委員会というのをつくり、そこが我々を防衛するという形を取っておる。何のことはない、これが伝統的なアフガニスタンの治安体系でありまして、旧タリバン政権もそれにのっとってアフガニスタン全土を治めたという経緯があります。

それを考えますと、治安問題というのは基本的に警察の問題であって軍隊の問題ではないということが私たちの基本的な認識でありまして、物取り強盗からあるいは武装集団の解決に至るまで、これは地域長老会、地域共同体と密接にありますそういった治安委員会の設立によりまして、少なくとも、アフガニスタンの都市部は別といたしまして、農村部ではそれが最も良好な形態でありまして、陸上自衛隊の派遣は有害無益、有害無益という言葉が嫌ならば百害あって一利なしというのが私たちの意見でありまして、要するに軍事面に関与せず、そういった地域の自治体制に沿った形での治安体制の確立、これは十分可能なことではないかと思います。

ここに登場する「伊藤君」とは、アフガニスタンのプロジェクトで働いていた日本人ワーカー、伊藤和也さんのことで、二〇〇八年八月下旬、金目当ての武装集団に拉致、殺害された。このニュースを聞いた天皇皇后は予定のコンサート出席を取りやめ、暗に弔意を示したという。

質問者には、陸上自衛隊のイラク派遣部隊を率いた「ヒゲの隊長」、佐藤正久委員もいて、中村医師と激しくやり合っている。中村医師は「麻生首相自ら銃を握って前線に立ってもらいたい」とまで言った。

佐藤委員 （略）自衛隊が治安維持ではなく民生支援という形で現地に入るということについて、どういう要領であれば非常に現地の方々とマッチングするのか、絶対マッチングしないとお思いなのか、その辺りをお聞かせ願いたいと思います。

中村参考人 お答えします。

自衛隊派遣によって治安はかえって悪化するということは断言したいと思います。これは、米軍、NATO軍も治安改善ということを標榜いたしましてこの六年間活動を続けた結末が今だ。これ以上日本が、軍服を着た自衛隊が中に入っていくと、これは日本国民にとってためにならないことが起こるであろうというのは、私は予言者ではありませんけれども断言いたします。敵意が日本に向いて、復興、せっかくのＪＩＣＡの人々がこれだけ危険な中で活動していることがかえって駄目になっていくということは言えると思います。してはならないということは、これは国連がしようとアメリカがしようとＮＡＴＯがしようと、人殺しをしてはいけない、人殺し部隊を送ってはいけない、軍隊と名前の付くものを送ってはいけない、これが復興のかなめの一つではないかと私は信じております。そのことは変わりません。

佐藤委員　（略）治安維持分野ではなく復興支援分野で自衛隊を運用するということについてはいかがですか。

中村参考人　お答えします。

ならば、ＪＩＣＡを全部引き揚げて全部自衛隊員を送ればいいことでありまして、それなら、それじゃないとできないというならば、麻生首相自ら銃を握って前線に立ってもらいたい、その上で考えてほしいと私は思います。

（略）自衛隊が復興支援に携わるというならば、現在、復興支援で死力を尽くしておられるＪＩＣＡの方々の立場はどうなるのか。ＪＩＣＡの人々はただの付録なのか。自衛隊が銃を捨てて現在のＪＩＣＡの仕事ができるのかということを考えますと、自衛隊がしゃしゃり出てくるならJICAの支援も要らないということであります。また、NGOも要らないという議論になってくるかと思います。

私が言いたいのは、軍隊と名の付くものを、日本では軍隊とは呼びませんけれども、実質的にこれは国際的には軍隊だ、軍隊と受け取られるものを現地に送る必要が、あえて復興というならばあり得るのかと。治安という意味ならば、先ほど民主党の方が御質問されたとおりでありまして、自衛隊を送らなくとも治安を守る、日本人ワーカーを守るという方法は幾らも存在するわけであります。その道を探らずしていきなり自衛隊が復興に出てくるのは私はおかしい。自衛隊派遣は、七年前と同じことを言いますけれども、有害無益と私は強調したいと思います。

佐藤委員がさらに、ISAF（国際治安支援部隊＝多国籍軍）がいなくなったらアフガニスタンの治安は改善するかと質問したのに対し、中村医師はこう答えている。

私が経験したタリバン政権時代、皆さんがお嫌いになっておるタリバン政権時代は今の百倍は治安はましだと。ともかく、外国軍が入ってきてから治安が悪化したという事実はこれはどうしようもない事実だというふうに、これはアフガン人のほとんどが認めておるところであります。

外国軍に対する嫌悪、食えないのでやむを得ず従っておるというのがもう現実でありまして、私たちの作業現場、少なくとも下々から見た現場というのは、ほぼ一〇〇%が非常に反米主義的な傾向が強いということはお伝えするに値すると思います。

平和を具体的につくった

高 中村さんは二〇〇八年にも国会の参考人で呼ばれています。当時は麻生首相でしたが、中村さん「麻生首相自ら銃を持って前線に行け」と言いました。国会で言ったんですよ。

参院の外交防衛委員会で、自衛隊のイラク派遣部隊で「ヒゲの隊長」と呼ばれた佐藤正久議員が、治安維持任務ではなく、人道支援、復興支援の分野で自衛隊を運用するなら問題ないのでは、と質問しました。要するに自衛隊派遣をオブラートにつつんで民生分野だけで危険なことはしないから派遣してもいいでしょうと。すると中村さん、よほど腹に据えかねたらしく、「ならば、JICAを全部引き揚げて全部自衛隊員を送ればいい」、「自衛隊が復興支援に携わるというならば、現在、復興支援で死力を尽くしておられるJICAの方々の立場はどうなるのか。JICAの人々はただの付録なのか。自衛隊が銃を捨てて現在のJICAの仕事ができるのかということを考えますと、自衛隊がしゃしゃり出てくるならJICAの支援も要らないということであります。また、NG

Oも要らないという議論になってくるかと思います」と言った。つまり民生支援はJICAがやってるのに、それを自衛隊がやるなんておかしいだろと当然のことを指摘し、さらに「それ（自衛隊）じゃないとできないというならば、麻生首相自ら銃を握って前線に立ってもらいたい、その上で考えてほしいと私は思います」とビシッと言い切ったんです。

戦争について、もちろん中村さんは大反対だったんだけれども、中村さんがやっぱり非常に特徴的なのは、平和をつくったんですよね、自分で。具体的に。

佐 そう。

高 戦争を抑止しよう、戦争をやめようっていう人はいっぱいいるんだけど、平和を具体的に目の前でつくった人はいないんですよ。それを、干ばつという自然との闘いの中で、つまり、三度の飯をちゃんと食べて、家族と一緒に住めるっていう状況をつくるっていうことが、これが平和なんだよっていうことで、平和を具体的に現実としてつくったっていうところがすごく説得力があって。

だから、中村さんの言葉で面白いのは、平和とは戦争がないっていうことじゃないよと。一番大事なのは生存する権利だっていう。これを私たちが学んで、じゃあ日本でどうするのかっていうことになるんですけども、そういう意味でいうと、非常にある意味視野が広い形で訴えてますよね、平和を。

佐 共同テーブルの宣言文は私が起草したんだけど、そこでは命の安全保障といってるわけですよ。でも、安全保障といった時に、すぐに国の安全保障にすり替えられるわけでしょ。そうでなくて、中村さんが言っていたのは、平和は暮らしなんだと。暮らしはつくり出さなきゃなんないということを言ってるわけ。でも、国家の側はやっぱり戦略的だから、ごまかすわけね。ごまかすっていうか、すり替える。

では、軍隊がじゃあ何を守るのかっていうと、安倍晋三が自衛隊を「我が軍」って言ったように、自分たちを守るものでしかないわけですよ。あれはいみじくも安倍が本音を出しちゃった。国民を守るもんじゃないんだよね。

栗栖弘臣という元統合幕僚会議議長が二〇〇〇年に出した『日本国防軍を創設せよ』（小学館文庫）という本があって、この中ではっきりと「自衛隊は、国民の生命、財産を守るためにあると誤解している人が多い」と言っている。しかもこれはマスコミに多いと。「国民の生命、財産を守るのは警察の役目ではあっても、武装集団たる自衛隊の任務ではない」とはっきり言ってるんですよ。国民の命は守らないと言っているわけです。それを岸田が、ウクライナ侵攻を楯にして、軍拡で国民が守られるように言うけれど、当の自衛隊が守らないって言ってんだから。それ、二〇〇〇年の段階ですよ。

驚くほど国民がマインドコントロールされてるわけです。それを中村さんは身をもって知ったわけでしょ。自衛隊は邪魔だと。来ると爆撃に襲われると。だから自衛隊はいらないんだっていうふうに。そこに中村哲のすごいところがある。自衛隊派遣は有害無益だとはっきり言い切ってる。そこをもっと強調しなきゃなんないと思う。しかも我々は国民を守らないと自衛隊自身が言ってる。

高 国会での中村さんの「自衛隊は有害無益」発言ですが、これは二〇〇一年一〇月の衆院特別委員会で参考人として呼ばれたときに言いました。このときは政府が、これから米軍が攻撃して難民が出たり治安が乱れるからとして治安維持で自衛隊を出そうとした。これに対して中村さんは現地はたくさんの人が飢死にしそうな緊急事態で爆撃なんかしてる場合じゃないと。難民を出さないように支援すべきで、自衛隊という軍隊が来たら、親日だった人々が反発して中村さんたちの人道活動もやりにくくなるということで有害無益だというわけです。そして七年後の〇八年には参院に参考人として招かれます。ここでは、日本では自衛隊を軍隊と呼ばないが、実質的、国際的には軍隊だ、日本が軍隊を現地に送る必要はない、治安という点では、自衛隊を送らなくとも治安を守る方法は幾らも存在するとして、「自衛隊派遣は、七年前と同じことを言いますけれども、有害無益と私は強調したいと思います」と再び断言しています。

中村さんが書いた文章なんですけど、アメリカ軍は「『人々の人権を守るために』と空爆で人々を殺す」と。「果ては、『世界平和』のために戦争をするという。いったい何を、何から守るのか」と。

中村さんと地域の住民は水を確保するために黙々と用水路を掘っている。そのプロジェクトを米軍のヘリコプターが機銃掃射した(〇三年一一月二日)。あとで米軍が誤射だと謝ったことがありました。

「彼らは殺すために空を飛び、我々は生きるために地面を掘る」って中村さんが言うんですけど、その乾いた大地で水を得て喜ぶ人の気持ち、水辺で遊ぶ子どもたちの笑顔、ここに平和があるんだと具体的に対置したわけですよね。

佐 栗栖弘臣が、じゃあ何を守るんだと言っているかというと、国、国家だと。つまり戦争中でいえば国体ですよね。戦争中も軍隊は国民を守るためにあるのではなくて、国体を守るためにあったっていうことをすごく率直に言って、それで栗栖は金丸防衛庁長官に首切られるわけですよ。だからそこも、当事者がそう言っている事実をもっと強調して、中村さんがやってることに対置していくのが必要だと思いますね。

岸田軍拡の原点

佐　自衛隊派遣っていうのは小泉の時ですよね。

高　はい。

佐　あの時に公明党も賛成するわけですよ。**神崎武法という検事上がりの代表が**、数時間イラクに滞在して、ここは安全だから自衛隊を派遣してもいいみたいな感じで言うわけでしょう。

でも自民党の加藤紘一、古賀誠、そして亀井静香は、棄権もしくは欠席してるんですね。だから、加藤や古賀以下なんですよね、公明党っていうのは。まさにあそこで公明党が平和の党でなくなったということが、もう一つ、今の日本の軍拡に輪をかけてる。

高　なるほど。

神崎武法と〜
二〇〇三年、イラク特措法にもとづく自衛隊派遣に際し、公明党の神崎武法代表（当時）がイラク・サマワを訪問。ごく短時間の滞在ののち、「比較的安全であると感じた」と発言した。

佐 それともう一つ、公明党の代表代行だった浜四津敏子が二〇二〇年に亡くなった。彼女は、私、大学の同期なんですよ。法学部法律学科。彼女は創価学会婦人部にカリスマ的な人気があって、彼女の本を読むと軍備で平和は守れないんだということを強調してるんですね。だから、創価学会婦人部に人気もあったんだろうと思うわけだけど、その浜四津の死を二年間隠すわけでしょう。

高 はい。私もちょっとびっくりしました。

佐 それはやっぱり、浜四津の死に焦点が当たると、また彼女の平和主義があらためてクローズアップされて、公明党にとってはすごく都合の悪いことだったと思うんですね。そうじゃないかと私は思うんです。

もう一つ、浜四津で思い出があるのは、**盗聴法**に公明党は最初反対だったんですよ。私は盗聴法反対の旗を振っていて、彼女はその時に集会に出てきたんです。それで、なかなかいい演説したんですよ。ナチズムも盗聴みたいなことから手をつけたんだ、みたいな。

私は会合の楽屋で、ゼミはどこだったのとか聞いて、その一回だけの出会いなんですけどね。でも、その後、自民党、自由党、公明党の自自公政権になってから、彼女はぱ

盗聴法
正式な名称は「犯罪捜査のための通信傍受に関する法律(通信傍受法)」。市民のプライバシー侵害などの問題から強い批判を浴びた。一九九九年に成立し、翌年施行される。

たっと集会に出てこなくなる。公明党の方針転換ですよね。

私は当時、テレビ朝日の「ニュースステーション」にしょっちゅう呼ばれてたから、そこを皮肉って、ディレクターに浜四津のいい演説あるよ、これ使ったらっていって、「ニュースステーション」で流したんですよ。そしたら、さすがのディレクターで、最初にかぶせるように、「あなたはもう忘れたかしら」って歌を入れて、演説を流したんです。つまり、岸田軍拡の始まる原点の共犯に公明党、創価学会、完全になってると私は思う。

佐 そういう意味では、この時期は戦後の画期だったわけですよね。

高 そう。だから、創価学会が本当に平和うんぬんと言うなら彼を見習わなきゃなんない話なんだよ。

佐 二〇〇一年一〇月当時の中村さんの国会での参考人の質疑応答の場面の議事録をあらためて読むと、しゃべってる途中でものすごいやじが来て、中村さんが発言を遮られるんです。加藤紘一委員長が不規則発言はお控えくださいとわざわざ注意して再開する。参考人に呼ばれた人がこれだけのことをやられるって、ちょっとないと思うんですけども、あの当時の日本っていうのは、やっぱりみんな一斉に自衛隊派遣が当然だという感じの雰囲気がつくられていたような感じを受けます。

佐 でも、それは今のほうが強いでしょうね。

高 なるほど。

佐 つまり、今なら加藤紘一を委員長にしないでしょう。そんな危うい人。その後、加藤は本会議で棄権するわけですから。反対まではいかないけど、棄権するんですよ。今はもっと駄目で、野党にあるべき公明党が与党にいることが、さらに状況を悪くしている。だから、なおさらわれわれは中村哲さんを掲げなきゃならないわけですよ。

高 中村さんを掲げて岸田に対抗するのは賛成ですけど、中村哲さんは別に左翼じゃなくて、天皇皇后にだってご進講をしてるわけだし、保守系にも彼を慕っている人はいっぱいいるわけですよね。そういう意味で言うと、国民全体が賛同できる人。

「自衛隊派遣は有害無益」

佐 そう。それと、自衛隊派遣は有害無益だっていうのは、あれは二〇〇八年の質問の話ですね。

高 そうですね。

佐 だから自衛隊は有害無益だっていうことの意味ですよね。『アフガニスタンで考える』(岩波ブックレット)という講演録の中で、アフガン問題っていうのは政治・軍事以上に、パンと水の問題だって言ってるわけです。つまり暮らしは軍備で守れないんだと。それが今度のウクライナの侵攻で、やっぱり心配だから軍備をって話になるんですよね。そこに乗っかって、罪の意識の薄い岸田が軍拡を進めているわけでしょ。

高 中村さんが自衛隊を派遣しても無益だという論拠は大きく二つあると思うんですけど、一つはそれですよね。今アフガニスタンで起こっているのは干ばつで、水も食料もなくてみんな飢え死にしそうなんだと。そんな時に、なんで爆弾降らせるのかということ。戦争してる場合じゃないだろ。とにかく生きるっていうことが大事なんだと。

それからもう一つは、中村さんはアフガニスタンでの活動上の安全保障として日の丸を車両やプロジェクト地に掲げていたんですけど、自衛隊が来ることで、日本が侵略者のアメリカ側についたと見られて危険になるんですね。自衛隊が派遣されると中村さんは日の丸を消してしまいます。

佐 つまり、戦争っていうのは何のためにするのかということですよね。生命、財産を守るんだというふうに言うわけでしょう。しかし、生命、財産を守るって言うんだったら、それが脅かされてる状況を先になくさなきゃいけない。

戦争は外交の敗北だっていう言葉があるんですけども、外交というのが全く語られないわけですよ。極端なことを言えばウクライナだって、あそこがＮＡＴＯに入ろうとしなければ、大義名分持ってロシアが突っ込むことはできないわけですよね。だから、ゼレンスキーっていう人が、男は国から出ちゃいけない、男は戦争しろと言うけれど、あれもちょっと私はおかしいと思うんですよね。戦争が第一の目的みたいになって、すぐ軍備増強とかって話になるわけでしょう。

じゃあ軍備増強したら守れるのかということですよね。軍備増強するってことは、戦前の日本を考えれば、必ず民生の予算を削るっていうことですからね。戦前の日本は軍事予算が五割以上になったわけでしょう。だから貧しくなって、満州とか他の国を分捕ろうとしたわけで、本当に苦しくなったからっていうよりは、軍備に金を使うから苦しくなったわけですよ。そのからくりを忘れて、軍備増強して圧迫されるのは民の暮らしっていうことですよね。

それともう一つは、二発の原爆をアメリカに落とされて、それで日本国憲法ができたわけでしょう。戦争で得たものは憲法だけだって**城山三郎**が名言を吐いたけども、その負の遺産をプラスに変えたのが憲法九条。だから、日の丸を背負って中村さんもアフガンで活動できたわけでしょう。

ところが、自衛隊派遣が決まったら逆に行けなくなるわけですね。危険が増すから。憲法九条を誇りとするという、そのよりどころみたいなものを今は忘れちゃってますよね。

高 そうですね。中村さんが自衛隊を派遣しちゃいけないと言ってるのは、日章旗が安全のサインになってるからなんだと。日本人であることは、アフガニスタンで

城山三郎
小説家。「経済小説」の草分け的存在で、他にも歴史・随筆・ノンフィクションなど多彩な作品を手がけた。代表作に『官僚たちの夏』『落日燃ゆ』など。

はすごく安全で、私も現地に行って分かったんですけど、もう別格なんですね。

アフガニスタンは、ロシアが南下し、英国がインドから北上してぶつかる所で、両方から攻められたけれども頑強に抵抗して植民地化されなかった。英国なんか三回もアフガン侵略戦争をやってすべて敗退しています。日本はロシアと日露戦争で戦い、英国と第二次大戦で戦った。両方と戦ったことで尊敬される。

また、第二次世界大戦で広島、長崎に原爆が落とされて、あれだけひどい目に遭ったのに、ちゃんと復興して平和な国になったことも日本が尊敬されている理由です。日露戦争、広島、長崎、そして平和憲法がある。だから本当に日本人は特別に思われているんですね。中村さんは「世界で一番親日の国はアフガニスタンだ」と言っています。中村さんもおかげで安全に活動ができていたんですけど、それが自衛隊派遣でひっくり返される。自衛隊が来ると私たちが危なくなると言っています。

佐 そう。

高 自衛隊は軍隊じゃないと言っても、それはあくまで日本での内輪の議論であって、アフガニスタンに来たら「軍隊」としてしか見られませんよ、向こうの目から見たら明らかに軍隊なんだから。

佐　ジャパニーズアーミーってね。

高　はい。それしかあり得ないので、むしろ中村さんたちの活動は不自由になって危険になるという、そういう論理ですよね。

佐　トルコも同じように、ロシアとの関係でやたら親日的じゃない。やっぱりアフガニスタンは大国の抑圧というか、そういうものにさらされてきたとこですよね。それに対する抵抗として、例えばインドにはガンジーがいて、中国には魯迅がいた。中村さんは田中正造が好きなんですよね。だから、やっぱり田中正造とか、そういう抵抗の思想の中に位置付けられる人なんだと思う。

高　そのとおりです。渡良瀬川の足尾鉱毒事件で、田中正造は鉱毒で田畑が荒れ野になって追い詰められ流民化する農民のために闘いますが、中村さんは田中正造を尊敬していたそうです。

中村さんはお医者さんとして現地で治療活動をやっていたんだけれども、大干ばつが二〇〇〇年に来た。世界であまり注目されなかったけれども、エチオピアの飢餓よりももっとひどくて、中央アジアを全部巻き込んで、しかし、もっともひどかったのがアフガニスタン。飢餓線上の人が四〇〇万人、餓死線上の人が一〇〇万人出た。

だからもう医者なんかやっていられないってことで、「百の診療所よりも一本の用水路」という有名な言葉とともに、用水路づくりを一から始めたわけです。結果として砂漠のような土地が緑になって、今は六五万人がそこで暮らしてる。

アフガニスタンでは兵農未分離で、昔からそれぞれの村が自立自衛してたので、みんなが武器持ってるんですけど、生活が苦しくなると家族を養うために兵隊になる。イデオロギーじゃなくて食うために。でも、水が来て農民として働けるようになると、武器ではなく、農具をもって耕す。

しかも、昔は水争いで村と村が非常に険悪になったこともあったけれど、ちゃんと用水路に十分な水が流れると何のトラブルもない日常生活が実現する、三度の飯が食えれば、人はけんかなんかしないよっていうのが中村さんの言葉です。本当に地域全体が平和になる。やっぱり一人一人の生活っていうのがすごく大事なんだと中村さんは言っています。

佐 そう。それで、空爆が収まって、解放されたのは麻薬栽培の自由だったたっていうね。

高　そうなんです。

佐　これがまたすごい嫌な現実だよね。

高　実はかつてのタリバン政権時代には麻薬を取り締まっていたんだけれど、アメリカが来てから麻薬が一気に広まった。ところが、日本では、タリバンが麻薬をやるから、それが他の所に流れないようにするために海上自衛隊を出すなんて理屈を作っていたんです。

佐　全然知らないよね。

高　そうなんです。

佐　タリバンっていうのは宗教的に厳格で。

高　ええ。

佐 麻薬なんて駄目でしょう。

高 はい。だから、参考人発言でも中村さんが何度も言っていますが、アフガニスタン現地の事情が完全に誤解されていると。あなた方の認識は間違ってますよと何度も言うんですが、自民党の議員からものすごいやじが来るんですね。

佐 結局ね、首相が世襲ばっかりでしょう。あの当時は小泉で、それから麻生、安倍でしょう。みんな世襲なんだよね。そうすると、見れども見えずっていうか、実態が見られない。自分に都合のいい情報しか見ないっていう感じなんだよね。

例えば統一教会の問題だって、困ってる信者の実態を知れば、あんな生ぬるい救済法案で満足するはずがないわけですよね。公明党が邪魔したっていうのもあるけれど、基本的に政治家が実態を知ろうとしない。

だから中村さんが現地に根を下ろしてやってることは、逆に彼らをいらいらさせることばっかりでしょう。

▼中村哲と戦争

中村医師は、一九八四年のパキスタン・ペシャワールへの赴任以来、戦争が日常となる環境で活動してきたが、戦争との「出会い」は幼いころに始まっていた。

中村哲は敗戦の翌年、一九四六年九月一五日に、福岡市の御笠町で生まれている。福岡市は敗戦の二カ月前、米軍による大空襲を受け、市街地は廃虚となっていた。米軍は、四五年六月一九日から二〇日にかけてB-29爆撃機の編隊二三九機で福岡市を爆撃。これにより福岡市では三分の一の家屋が罹災し、死者・行方不明者が一一四六人にのぼる甚大な被害を被った。この福岡大空襲で、中村哲の父・中村勉の親族はほとんどが亡くなっている。そのため、中村哲が子どものころは、母・秀子の実家、玉井家とのつながりが強く、特に祖母マンからは人の道を教えられたと回顧している。

父の中村勉は戦前、労働運動や反戦運動を指導した活動家で、治安維持法で逮捕され実刑判決を受けている。勉自身が拷問を受けたうえ、獄死した同志もいたといい、政府、軍部への強い反発を持ち続けていたと思われる。敗戦後、米軍が日本に進駐してくるが、勉に「アメ公にお菓子なんかもらうんじゃない！」と言われ、哲は一度も米軍兵士からチョコレートやガムをもらったことがなかったという。

中村勉とともに労働運動で闘った玉井家の長男、勝則（哲の母の兄）は、作家、火野葦平として兵隊三部作（『麦と兵隊』、『土と兵隊』、『花と兵隊』）を書く。三〇〇万部を売り上げるベストセラーとなり、火野は国民的作家として人気を博した。戦場での兵士のリアルな日常を描いた作品だったが、敗戦後、火野は戦争に協力したと非難を浴び、GHQから執筆を禁じられた。のちに文壇に復帰するが、一九六〇年、中村が中一の時に自死する。中村は戦争と自分との関わりを誠実に悩み抜いた末の伯父の自死に強く感じるものがあったという。

火野は国のあるべき姿とか天下国家ではなく、仕方なく戦場に送られた兵士の心情を描き、生きるか死ぬかの場所で兵士がどう苦しみ、どう喜んだのかを追った。中村は、火野の作品に影響を受け、人間として失っていけないものは何かを考え続けた。

一九六八年、九州大学の医学部に入学するが、この年は米軍関連の大きな事件、事故が続いた。この年の一月、米軍の原子力空母「エンタープライズ」が佐世保に寄港する。原子力空母の初めての日本入港に大きな反対運動が起きた。さらに六月には、米軍の偵察機「ファントム」が中村が学ぶ九州大学のキャンパスに墜落、日本が事実上の米軍占領下にある実態が国民に大きな衝撃を与えた。中村も街頭に出て激しい抗議行動を行い。警察に捕まって留置されている。中村はのちにアフガニスタンの地で米軍と再び相まみえることになる。「戦争と平和の問題は、「米軍」という存在によって、否応なく避けて通れぬ課題となった」と中村は言う。

「戦争と平和」は、若い時から私にとって身近な問題であった。福岡大空襲による父方親族の壊滅、戦争作家と呼ばれることを嫌った伯父・火野葦平の自決、大学時代の米原子力空母寄港――常に米軍が影のようにつきまとってきた。まさか、アフガニスタンまで追いかけてこようとは、夢にも思っていなかった

『天、共に在り』

平和憲法と中村哲

中村医師が活動したアフガニスタンは干ばつや戦乱によって農村が荒廃し、特に二〇〇一年にタリバン政権が崩壊して以降は各地で治安が乱れた。復興支援の名のもとに活動する多くの海外NGOが撤退するなか、中村医師は、「診療所襲撃事件」(一五七頁)の教訓として、武力ではなく、信頼こそが自分たちの身を護る安全保障であると説く。

ただ、その信頼は、中村たちの日々の誠実な行動によって得られただけではない。「平和国家・日本」というブランドの信頼感に助けられて、何度も命拾いをしてきたという。よそ者に排他的な山奥の集落でも、中村医師が日本人であることが決め手になって、診療所の開設に地元が協力してくれたこともある。

アフガニスタンで、日露戦争とヒロシマ・ナガサキを知らない人はいない。ロシアと英国に何度も攻めこまれた歴史を持つアフガニスタンの人々は、アジアの小国だった日本が大国ロシアと戦ったことに共鳴し、戦後は、原爆を落とされた廃虚から経済大国になりながら、一度も他国に軍事介入をしたことがないことを称賛する。すべての車両や診療所に日章旗を描いていたのは、住民の良好な対日感情を利用して、テロ行為などのトラブルを避けるためだった。中村医師の活動にとって、「平和国家・日本」のブランドはまさに死活問題だったのである。

僕は憲法九条なんて、特に意識したことはなかった。でもね、向こうに行って、九条がバックボーンとして僕らの活動を支えていてくれる、これが我々を守ってきてくれたんだな、という実感がありますよ。体で感じた想いですよ
言ってみれば、憲法九条を具現化してきた国のあり方が信頼の源になっているのです

「この人に聞きたい　中村哲さんに聞いた」『マガジン9』、二〇〇八年四月三〇日

中村医師にとって、武器を使用せずに平和を実現する第九条は抽象的な「理念」ではなく、「具体的に、リアルに、何よりも物理的に、僕らを守ってくれているもの」であった。平和憲法のありがたみを肌身で感じた中村医師は、胸を張ってこう宣言する。

世界に冠たる平和憲法を戴く一小国民として、私は日本人であることを誇りに思っている

『ダラエ・ヌールへの道　アフガン難民とともに』一九九三年、石風社

しかし、中村医師をリアルに守ってくれていた安全保障が次第にあやしくなっていく。イスラム世界に身を置くなかで国際情勢と祖国日本の変化を逐次感じ取った中村医師は、その都度憂慮を発信している。

最初の転機は、一九九一年一月一七日に勃発した湾岸戦争だった。

日本もまた、九〇億ドルをもって米英にならって参戦した。いや、日本国民は「参戦」という意識すらなく、米英に卑屈な迎合をしたとしか思えなかった。

太平洋戦争と原爆の犠牲、アジアの民二〇〇〇万の血の代価できずかれた平和国家のイメージは失墜し、イスラム民衆の対日感情はいっきょに悪化した。対岸のやじ馬であるには、事態はあまりにも深刻だった。世界に冠たる平和憲法も、「不戦の誓い」も色あせた。

『アフガニスタンの診療所から』

二〇〇一年、同時多発テロに続いて米英軍がアフガニスタンを空爆。これを日本が支持したことに中村医師は強い怒りを見せた。

米軍の空爆を「やむを得ない」と支持したのは、他ならぬ大多数の日本国民であった。戦争行為に反対することさえ、「政治的に偏っている」と取られ、脅迫まがいの「忠告」

『空爆と「復興」　アフガン最前線報告』二〇〇四年、石風社があったのは忘れがたい。以後私は、日本人であることの誇りを失ってしまった。「何のカンのと言ったって、米国を怒らせては都合が悪い」というのが共通した国民の合意のようであった。

　だが、人として、して良い事と悪い事がある。人として失ってはならぬ誇りというものがある。日本は明らかに曲がり角にさしかかっている。


アメリカの戦争を支持し資金を出すだけでなく、日本はアフガニスタン紛争そして〇三年からのイラク戦争と立て続けに自衛隊を派遣するに至る。中村医師にとっては、海外に軍事力を派遣しないことが日本の最大の国際貢献だったのだが、日本はとうとうそれを破ってしまい、本格的な戦争協力へと足を踏み出したのである。

祖国日本に中村医師は厳しく警告する。


「憲法はご先祖さまの血と汗によってできた一つの記念塔」であり、「平和憲法は世界の範たる理想」である。

　それは日本国民を鼓舞する道義的力の源泉でなくてはならない。それが憲法というものであり、国家の礎である。祖先と先輩たちが、血と汗を流し、幾多の試行錯誤を経て獲得した成果を、「古くさい非現実的な精神主義」と嘲笑し、日本の魂を売り渡しては

『医者 井戸を掘る アフガン旱魃との闘い』二〇〇一年、石風社

ならない。戦争以上の努力を傾けて平和を守れ

二〇〇二年、沖縄県が創設した「沖縄平和賞」の第一回受賞者に、中村医師が現地代表をつとめる「ペシャワール会」が選ばれた。受賞にあたり、アフガニスタンと同じく戦争の犠牲になった沖縄に思いを寄せて中村医師はこう語っている。

幾百万、幾千万のアジアの同胞の犠牲の上に「平和日本」が高らかにうたわれたのはほんの六〇年前でした。しかし、今その教訓が風化しているという現実があります。命の大切さに、民族や国境の垣根はありません。確かに今、私たちに即席の解決というのは難しいでしょう。それでも、私たちは次の世代に向けて平和への願いを真摯に訴え続け、やがて力となる流れと、希望を生むことはできると思います。

『空爆と「復興」』

▼「私の後継者は用水路」——中村哲医師の「緑の大地計画」

『医者、用水路を拓く』

百の診療所よりも一本の用水路

医者として病気の治療にあたっていた中村医師が、水の確保へと活動を転換したきっかけは大干ばつだった。

二〇〇〇年春からユーラシア大陸は未曽有の干ばつにさらされた。被災地はイラン・イラク北部から中央アジア諸国、中国西部と広範にわたり、被災者は六〇〇〇万人とも七〇〇〇万人ともいわれた。中でもアフガニスタンが最悪で、人口の半分が影響を受け、餓死線上にある者一〇〇〇万人（二〇〇〇年六月ＷＨＯ（世界保健機関）発表）と伝えられた。

実際にＰＭＳ（中村医師が総院長をつとめる現地のＮＧＯ）が医療活動を展開していたアフガニスタン東部では、赤痢などの下痢症で多くの患者が死亡した。そのほとんどが小児で、簡単に命を落とすのは、清潔な飲料水と食糧がないためだった。一〇〇〇万人が餓死線上との数字は誇張ではないと中村医師は思った。当時の様子をこう語っている。

外来で待つ間、死んで冷えてゆく乳児を抱えた若い母親が途方にくれていた。その姿がまぶたの奥深くに焼きついて涙がこぼれた。

『医者　井戸を掘る』

問題は医療以前だった。「病気どころではない、まず生きておれ！」。中村医師とPMSは全力で水利事業に取り組んだ。農業ができずに人々が故郷を捨て、廃村が相次ぐなか、PMSは膨大な数の井戸を掘り、二十数万名の流民化を防ぐ成果をあげた。しかし、長引く干ばつは地下の水をも枯渇させ、井戸の利用に限界が見えてきた。

〇一年のタリバン政権の転覆以降、内戦が激化するなか、干ばつによる耕地の沙漠化が拡大の一途をたどっていた。アフガン各地から流民の群が大都市を目指し、さらに国境を越えて難民となっていく。家族を養うため、男たちは国軍や武装組織の傭兵となり、これがさらに治安の悪化を招いた。

「農村の回復なくしてアフガニスタンの再生なし」との確信を深めた中村医師は、〇二年三月、農村振興のための「緑の大地計画」を構想、その準備にとりかかった。要になるのは農業用水の安定的な確保である。

水源はヒンズークッシュ山脈から流れるクナール河。万年雪を擁する七〇〇〇m級の山々を源流とし、一年を通じて枯れることがないアフガニスタン有数の河川である。そこから水を引いて用水路を通し、干上がった農地に水を送るという構想だった。
用水路を造って広大な面積を灌漑するという計画は、当初、現地でも日本側のペシャワール会でも危惧の念で迎えられた。医療支援の組織が大規模な土木工事をやろうというのだから懸念されるのは当然だった。しかし、中村医師は主張を貫いた。アフガニスタンの農村を救う道はこれしかないと確信していたからだ。
〇三年三月一二日、中村医師は朝礼の場で、PMS職員に計画を明らかにした。

干からびた大地を緑に変え、本当に実のある支援を我々は目指す。その大きな挑戦として用水路を建設して豊かな故郷を取り戻す。議論は無用である。一致して協力し、復興の範を示すことが我々の使命である。これは、我々の武器なき戦である

『医者、用水路を拓く』

三月一九日、地方政府の要人や地域の長老会メンバー、PMS代表を集め、着工式がとり行われた。用水路を「アーベ・マルワリード（真珠の川）」と名づけ、毎秒六トンの水を干ばつ地帯に注ぐと宣言した。「真珠」の名には、農地を潤す美しい水への希望が込めら

れていた。

このとき中村医師は五六歳。退路を断っての挑戦だったが、最初は流量計算や流路設計の書物さえ理解できなかった。そこで、娘から高校の教科書を借りて苦手な数学を再学習し、一から土木工学を猛勉強して自ら設計図を描いた。

周囲が心配するなか、工事が始まった。中村医師は、現地の人たちが自分たちで維持管理できるよう、簡単に手に入る石を利用した工法を採用。現場監督として先頭に立ち、重機や十分な資材がないなか、手作業で工事を進めていった。干ばつで農業ができなくなった地元農民たちが一縷の望みをかけて参加してきた。兵士として出稼ぎに行っていた男たちも戻り、銃をつるはしに持ち替えて工事に加わった。

工事は文字通り、試行錯誤の連続だった。多くの失敗を重ね、困難を乗り越えるなかで独創的な工夫も生まれた。中村医師は、江戸時代から伝わる日本の伝統的な灌漑技術を学び、アフガニスタンの自然に適用していった。

米軍の空爆は続き、工事現場が機銃掃射を受けるなど、治安上の危険にもさらされながら用水路の建設は休みなく続けられた。難民となっていた人々が次々に故郷に戻り、工事に参加する人は一日六〇〇人にも達した。人々の期待は日を追うごとに高まり、水がくることを見込んで、用水路が完成しないうちに荒れ地を耕し始める人々まで現れた。

〇五年、麦の枯死を防ぐために突貫工事を敢行し、四月三日、マルワリード用水路の一部の四・八kmに通水。着工から二年でついに灌漑が始まった。人々は狂喜し、村はイード（断食明けの祝日）以上のお祭り騒ぎになった。中村医師の感慨もひとしおだったのだろう。ペシャワール会への報告にこう記している。

> 沙漠が緑野に変ずる奇跡を見て、天の恵みを実感できるのは、我々の役得だ。水辺で遊ぶ子供たちの笑顔に、はちきれるような生命の躍動を読み取れるのは、我々の特権だ。そして、これらが平和の基礎である。

『ペシャワール会報88号』

二〇一〇年二月、マルワリード用水路は、いくつもの難工事を経て最終地点のガンベリ沙漠までの約二五km（現在は二七km）が完工した。PMSはさらに灌漑地域を拡げる一方、モスクやマドラサ（学校）、試験農場などもつくって地域全体の振興を図った。

PMSが灌漑事業を行ったあと、JICA（国際協力機関）が住民にアンケート調査を行った。その結果は、「調査対象者の八七％は水路掃除や営農において互いに助け合っており、八六％は政府と地元住民との関係や協働が促進されたと感じ、九三％は地域住民間の関係が良くなったとし、八四％は治安が良くなったと答えている」。水を共有することが、実際に人と人との絆を強め、地域の安寧をもたらしたのだ。

ガンベリ沙漠の今（高世撮影）

新たな用水路の建設現場（同）

一九年一二月に中村医師が凶弾に倒れたとき、灌漑面積は一万六五〇〇haに達していた。その後もペシャワール会とPMSは中村医師を失った悲しみを乗り越え、医療・農業・灌漑用水路事業を継続している。新たな用水路や堰の建設も行われ、現在では二万三八〇〇haの沃野が六五万人の命を支えている。

生前、中村医師は「私の後継者は用水路です」と言っていたという。現地の人々は今も、中村医師が心血を注いで築いた用水路や灌漑施設を大切に維持・管理し、平和な暮らしを享受している。彼の偉業は、世代から世代へと受け継がれていくことだろう。

第二章　テロリズムとグローバリズム

写真：PMS（平和医療団・日本）

メディアが嫌いな理由

高　そもそも自衛隊派遣の時に声高に言われたのが、難民の中にテロリストが混じってくると。でもそれは完全に詭弁で、難民はそもそも出てませんよって中村さんは言ったんですね。あの当時国外に出た難民は、首都カブールなどの都市部の裕福な人たちだけで、本当に餓死しそうな人は国外になんか出てこれなくて、むしろ国内の都市部に流れてるんだと。だから、最初の状況設定自体が全部フィクションになってるんですね。

米軍による空襲が始まると、国連や欧米のＮＧＯがアフガニスタンから国外に避難した。それと正反対に、中村さんたちは決死隊をつのってパキスタンからアフガニスタンのカブールへと食糧を運んだんです。そこに餓死しそうな人たちがたくさんいたから。

中村さん、メディアが嫌いなんですよね。というのは、ジャーナリストがうそばっかり書くと。ちゃんと見ていないって言うんですよ。日本のジャーナリストも含めてです。私もそういう仕事をしているんで、心にずしんと響きましたね。たしかに当時は日本のメディアは欧米発の情報をなぞっていました。反省しています。

実際あの当時の報道も今もそうですけど、現地をきちんと見てない。私、実はシリアで三年以上拘束されて解放された安田純平さんのプロデュースをしていたんですよ。安田さんの取材をテレビ局に売り込んだり。今政府は安田純平さんにパスポートの発行を拒否している。あともう一人、やはり私がプロデュースしていたジャーナリスト常岡浩介さんもパスポートを外務省に取り上げられたままで海外に行くことができない。つまり、政府は紛争地に日本人のジャーナリストを行かせないんです。でも、やっぱり行かないと駄目なんですよ。

日本の世論も危ない所に日本人がわざわざ行かなくていいんじゃないか、ＢＢＣとか外国の通信社から情報をもらえばいいんじゃないかって言うんだけど、日本人が行って日本人の目で見なきゃ本当は駄目なんです。欧米発の情報はあくまで欧米の視点になっていますから。私、今の状況には非常に危機感を持っていますね。

佐 安田純平さんは、私が東北でやっていた佐高塾の講師頼んでてね。それが開催の一カ月前に急に連絡取れなくなったんだ。彼は何年ぐらい拘束されてたんだろう？

高 三年半です。

佐　だから、タブーに挑戦するってことがジャーナリズムの使命だと思う。そういう意味では危険な所に行くのがジャーナリストですよね。ところが、そうでなく、ちょろちょろっと行って旅行記みたいなのを書くのがジャーナリストだと思われてんだよね。

高　メディアの話でいうと、去年の一一月に防衛力に関する有識者会議が、敵基地攻撃能力の保有とか防衛費の増額とか、いろんなことを岸田首相に提言したら、一二月一六日に安全保障関連三文書が閣議決定されました。この有識者会議のメンバー一〇人のうちにメディア関係者が三人もいて、朝日新聞、読売新聞、日経新聞の元社長や会長です。こういうことやって、メディアが権力監視っていうよりも、むしろお先棒をかつぐ、先を行ってますよね。ここまで来たのかと、ちょっと愕然としちゃったんですけど。

佐　そこにいた朝日の**船橋洋一**は私とほぼ同い年で昔から知ってるけど、あぜんとする感じだよな。

高　私も船橋さんが入っていてびっくりしました。

船橋洋一
元朝日新聞主筆。現在は三極委員会メンバー、英国国際戦略研究所（IISS）評議員などをつとめる。

佐　いや、もう既にかなり右に曲がりましたっていうね。

高　そうですか。

佐　もともと学生時代は魯迅を原語で読んでたような人なんだけどね。卒論が毛沢東の師匠の、李大釗。有名な人なんです。その人の研究なんですよ。まあ、権力の中に入って何とかしようって思い始めると、やっぱりおかしくなっていくよね。

高　なるほど。政治部の記者だった人間が政治家になろうと選挙に出たりしますからね。

佐　東京オリンピックの時の協賛のスポンサーに朝日新聞も入ったでしょう。

高　入ってます。

佐　あれはおかしいよね。

高 やっぱり資本の論理ってことですか。

佐 資本の論理っていうよりも、なんか隣組みたいに、あそこが入ってると自分もっていう話だけじゃないの。他のところがやってたら俺はやらないっていうのがジャーナリズムだと思うんだけどね。

アメリカの空爆はテロリズム

高 アメリカの対テロ戦争っていうのは、最低でも八兆ドルかかったんだそうですよ。死者がアフガニスタン人やイラク人も含めて九〇万人、もちろん米軍も含めての数字です。八兆ドルも使って、結局二〇年たったら負けて撤退した。これってものすごくアメリカの国力を弱体化させたんじゃないかと思うんですね。

ソ連が一〇年間アフガンに入っていて、撤退して三年で崩壊しちゃうんです。アフガンは昔から「帝国の墓場」と言われてるそうで、どこの国が入ってきてもとにかく排除されて、攻め込んできたほうがみんな憂き目を見る。

アメリカは八兆ドル使って敗退し、国力が落ちた。その結果、日本に対して、おまえたちがもっと前面に立ってやれという形になっているんじゃないでしょうか。要するに軍備の増強を含め。どうでしょう、そのあたりは。

佐 テロっていうことで言うと、私はアメリカが最大のテロ国家だと思うんだよね。ロシアも含めてもいいけど。それを気づかされたのは、対人地雷禁止条約。中堅の国々とNGOが頑張ってやってた。でも、その条約に入らない、つまり最大のならず者国家っていうのは米、露、中なんだよね。そうすると、アメリカを正義だと考えたら、もう全部最初から間違ってしまうんだよね。

高 はい。中村さんは参考人発言で、「英米の蛮行」という言葉を使って、現在進行しているアフガニスタンへの空爆は蛮行だと言ってるんです。「テロリスト、テロリズムの本質は何かと申しますと、これはある政治目的を達するために、市民も何も巻き添えにしてやるということがテロリズムであれば、これは少なくともテロリズムとは言わないまでも、同じレベルの報復ではないですか」と。つまり、アメリカの空爆はテロリズムだって中村さんは言ってるんですよね。そこで激しいやじが自民党議員から浴びせられます。

佐 それは、しかし、普通に考えれば、原爆を最初に落とした国なんだから、最大の蛮行国家でしょう。平和もへったくれもないっていうね。

このないだ新右翼の**鈴木邦男**が亡くなったじゃない。俺、結構近かったのね。で、鈴木邦男が**赤尾敏**に会うたび怒られてたっていうの。要するに、何が対米自立だと。笑わせんなと。アメリカは世界を共産主義から守ってくれるありがたい国家なんだと。それに対しておまえは反米とは何事であるかって、しょっちゅう怒られてたって。

それはともかくとして、面白かったのは、赤尾敏はナチスに反対なんだよね。あのころ、日英同盟か枢軸国家かという選択があったわけでしょ。そうすると、赤尾は英米とは戦争しないと。ところが、**石原莞爾**なんかは、最終戦争はアメリカとだという話になるわけでしょう。だから、中国に深入りするなっていう対中不拡大を唱える。それに対して、当時もナチスは駄目だっていう、そういう赤尾敏的な路線があったんだね。

高 なるほど。

佐 だから、もちろん反戦非戦ではないんだけども、アメリカと戦うなと。それはそれで赤尾敏は一貫してるよね。

鈴木邦男
戦後に既存の右翼と対立するかたちで生まれた「新右翼」の中心的存在で、民族派団体「一水会」元代表。左派文化人とも積極的に意見交換を行い、護憲、反ヘイトスピーチ等の活動にも携わった。

赤尾敏
元衆議院議員、右翼活動家。極右団体「大日本愛国党」の初代総裁。銀座・数寄屋橋で連日街頭演説に立っていたことでも有名。

石原莞爾
元陸軍中将。一九二八年、関東軍参謀として満洲に赴任し、三一年満州事変を起こす。前線を退いてからは「最終戦争論」を唱え東亜連盟運動に注力した。

高 中村さんが非常に説得力があるのは、「平和」を理念やイデオロギーで言ってるんじゃなくって、目の前にいる農民を実際に助けてるわけですよね。食えない人を食えるようにしてる。一人一人の命を守ることを実践している彼から見て、この状況で空から爆弾を落とすというのは、もうテロリズムだと。本当に生活の目線から言っているから説得力があると思うんです。

佐 あなたの言うのはすごくよく分かるけど、その時、イデオロギーではなくっていう言い方は、私はあんまりしないほうがいいと思う。

高 なぜですか。

佐 つまり、それだとイデオロギーで反対するのが悪みたいになっちゃうじゃない。おまえは右翼で反対する、俺は左翼で反対すると。鈴木邦男とは実際にそういうふうに言ってきたわけで。安倍の国葬反対でもね。だから、逆に最近よく言ってるのは、左翼を批判する人はいるけども、左翼を引き受ける人はいないと。やっぱりそこは、引き受けるものは引き受けないと進まない。

高 佐高さんのお立場からはそうだと思いますけど、ただ、中村さんの立場からすると、実際に働いてる現場では、タリバンを支持してる農民もいれば、反対の農民も一緒に働いてる。それからペシャワール会自身が保守系もいて、リベラル派もいる。とにかく食べられない人を食べさせようっていうのであれば、どんな立場でもまとまるっていうことだと思うんですけども。

佐 高世さんはまだ**山田五十鈴**、大丈夫だよね？

高 もちろん分かります。昔、おきれいな人だったらしいんですけど、私の記憶にある山田五十鈴さんはもうだいぶお年でした。

佐 **加藤嘉**っていう人が一時旦那だったの。加藤嘉は**新劇**だから、左の人なわけよ。加藤嘉に影響されて左になったのとか言われた時に、貧乏を憎み、平等な社会を望むことがアカだと言うなら、私はアカもアカ、目の覚めるような真紅ですと言ったというね。これは**竹中労**が書いてるから、竹中労流の脚色が入ってると思うんだけど、それだと思うんだよね。今はアカで悪いかっていう開き直りがない。私の師匠の**久野収**が監獄に入れられた時に、私はアカではなくてピンク程度なんですけどもって言ったら、**大**

山田五十鈴
昭和を代表する名女優で、溝口健二監督『浪華悲歌』、黒澤明監督『蜘蛛巣城』など数々の名作映画に出演した。

加藤嘉
俳優。映画、舞台、テレビドラマと幅広く活躍し、高い演技力が評価された。山田五十鈴とは一九五〇年に結婚するが、のちに離婚。

新劇
明治時代の末期ごろに始まった、日本に新しい演劇を確立しようという運動(新劇運動)の流れをくむ劇団のこと。昭和初期にはプロレタリア演劇運動の高揚から弾圧を受け、投獄された者もいた。

竹中労
ルポライター、アナーキスト。政治や芸能を中心に多様な著作を手がけ、「反骨のルポライター」と称される。

本教の人に怒られたって言うんだ。そんなこと言っちゃいかんと。居直れって。大本教って徹底的に弾圧されてるからね。

高 そうですね。

佐 変な話、大本っていうのは、**エスペラント**の最大のスポンサーなのよ。

高 聞いたことあります。

佐 世界のいろはが一つになるぞよっていうね。それで、大本教が徹底的に弾圧されたのは二つ理由があると思ってて、一つは大本の教主って女性なのよ。出口なおとか。王仁三郎は婿で、要するに代貸みたいなもんだからね。そうすると万世一系とはだいぶ違ってくる。

高 そうですね。

久野収
哲学者、思想家。戦前は反ファシズム運動を展開し、治安維持法違反で入獄する。戦後は学習院大学で教鞭をとる傍ら、安保闘争、べ平連等の実践活動に携わり、数々の論考や対談を通して、日本の戦後民主主義を先導した一人とされる。

大本教
一八九八年、出口なおとその娘婿出口王仁三郎を開祖として成立した神道系新宗教。正式名称は「大本」。一九二一年、一九三五年と二度にわたって国家による大弾圧を受ける。

エスペラント
一八八七年、ポーランドの眼科医ザメンホフによって、母語の異なる世界中の人々がコミュニケーションをとることができるよう考案された人工言語。

佐 それと国際性ね。世界のいろはが一つになるぞよっていう、エスペラントね。この二つで、徹底的に弾圧されたんだと思うんだよね。

高 私、大本教から頼まれて講演したことがあるんですよ。本部に行ったら、かつての弾圧の跡、たとえば、警察に破壊された石像とか残してましたね。だから、あの弾圧を忘れないっていう気持ち、今でもあるんじゃないかと思うんですけど。

佐 あなたも余計な話するから、俺も余計な話を一つ。俺もあそこで講演したの、世界エスペラント大会で。世界から来た人がエスペラントしゃべるのね。そこで講演しろって言われて、俺なんかはもちろん日本語で講演したんだけど、俺、エスペラントファンではあるけどもしゃべれないんだよ。しゃべれるのは、**本多勝一**とか**高木仁三郎**とか、これは熱烈なエスペラントですからね。

高 あと、昔の共産党の活動家にもエスペラントしゃべれる人いますよね。

佐 魯迅なんかもそうですね。それはともかくとして、そこで講演したわけ。その後、表彰式に移って、しゃべった人はそのまま壇上に残ってくれって言われたのよ。

本多勝一
ジャーナリスト。世界各地の先住民族や紛争地を取材したルポルタージュで高い評価を得た。

高木仁三郎
物理学者。専門は核化学。原子力の危険性について早くから警鐘を鳴らし、脱原発を主張した。一九九七年、「第二のノーベル賞」ともいわれるライト・ライブリフッド賞を日本人として初めて受賞。

そうしたら、そこから話す言葉がまたエスペラントになっちゃったの。会場に五〇〇人ぐらいいた中で、俺だけがしゃべれないわけだよ。それで表彰状とか、みんなエスペラントで読み上げるの、俺はしゃべれないんだって言っても謙遜と取るわけだよ。

高　みんなしゃべるから。

佐　みんなしゃべる。あれほど言葉が通じないのはこういうことかっていう。異国の中に置かれた経験だよね。笑ったりするわけ、みんな。すると俺も遅れて笑ったりしてね。余計な話だけど(笑)。

高　八兆ドル使った対テロ戦争でアメリカは敗北して、国力を非常に下げた。もう世界の警察官はやらないから、日本が無理してでも軍事的なプレゼンスを強めろという、そういう構造になってるんじゃないかと思うんですが、そこはどうでしょうか。

佐　富野由悠季さんって、ガンダムの監督。あの人が俺の本を読んでくれて、対談を申し込まれたのよ。すごい真面目な人で、最初に国家が破産するってどういうことですかって聞かれたんだよ。真正面から。それって、国家が破産するっていうことと、国民の暮らしが一緒なのかっていう問題だと思うんだよ。その八兆ドルの問題も、やっぱり国というものと、それが国民の暮らしと合致するかというと、そうじゃないんだ。

高　ただアメリカは、オバマのあたりから外にはもう行きたくないし、他国にあんまり手を突っ込まない。ましてや、アフガンでやったみたいに「国づくり」(ネーションビルディング)なんてことはもうやりたくないし、世界の警察官にももうならないと言ってますよね。

佐　でも、それで軍事産業に抑えが利くのかっていうね。今、軍産複合体って言うけど、軍事産業に対するアメリカ政府のコントロールは利いてないと思うよ。

高　代わりに日本がばんばん買ってくれるじゃないですか。日本にアメリカがもっとしっかりやれよって言うから。

佐　ちょっと話をずらすかもしれないけど、私、昭和二年の金融恐慌で最初に破産した東京渡辺銀行という銀行のことを書いたことあるの。当時、ばたばたとみんな銀行がつぶれて苦しくなったと一般的には思うでしょ？ 違うんだよね。取り付け騒ぎでビッグ5は太るわけよ。つまり、三井、三菱、住友、安田、第一銀行は大きくなった。

高 取り付け騒ぎで？

佐 みんなお金を下ろすでしょう。でもそのお金を自分では持っておかないじゃない。より安全というか、大きい銀行に持ってくわけよ。だから、ビッグ5は大きくなったの。

さっきのジャーナリズムの話もそうだけども、そこを見ないんだよね。銀行は全部苦しくなりましたって。違うんだって、全然。おかげで太る銀行があったわけだ。それと同じように、アメリカ全体が苦しくなったわけじゃなくて、アメリカのどこが苦しくなって、逆にどこが太ったのかって、そういう話をしなきゃ駄目だと思うんだよね。軍需産業なんか逆に太ったんじゃない？ ただ、そういう状況でも中村さんは黙々として我が道を行ってたんだろうけども。

中村哲亡き後

私、中村さんが亡くなっておよそ三年後の二〇二二年の一一月にアフガンの現地に行ったんですね。彼がいなくなってその後は大丈夫かなと思って行ったんですけども、想像以上に現地がうまくいってました。

例えば用水路って、毎年のように少しずつ手入れしたり補修しなきゃならないんですよ。それをちゃんと地元の住民が自発的にやってるんです。実はアメリカがタリバン政権を倒してから、ものすごい数の国際援助プロジェクトがアフガニスタンで進められたけど、ほとんど失敗しているんですね。

というのは、例えば学校を建てる、クリニックを建てる、用水路を造ったりも実際あるんですけど、ただプレゼントするだけだから維持できない。屋根から水が漏ったりしても誰も構わなくてすぐに廃屋になっちゃう。でも、中村さんのプロジェクトは現地のアフガン人が自分たちの手で造ったんです。ぽんともらったものじゃなくて、自分たちで造ったという意識がものすごく強いから、それで維持できてるという、もう本当にまれな例なんですよね。

さらに、新しい用水路が中村さんが亡くなってからできてます。私も現場にも行ってきましたけど、ものすごく急峻（きゅうしゅん）な斜面を切り開く難しい工事をやっていました。中村さんが長年育ててきた弟子たちが、彼の遺志を継いでやるんだと決意し、地元の人たちもぜひやりたいと協力している。しかも、それをタリバン政権がバックアップしてて、その地方自治体の役所にあいさつに行ったら、中村先生は命を懸けてアフガニスタンのために尽くしてくれて、それで命を亡くされたことは日本国民に申し訳ないとタリバン幹部が私たちに言うわけです。二〇二二年の一〇月には、ジャララバード市内に中村さんの公園が開かれてます。

佐 公園？

高 「ナカムラ広場」といいます。中村さんの笑顔のでっかい肖像が設置されてます。ひんぱんに停電があって電力事情が悪いのに、夜はライトアップまでしてる。タリバンって偶像崇拝しちゃいけないのに、特定の人の肖像が飾られるという、非常にまれなケースなんです。

実は、二一年の夏にタリバンが政権を奪還した時、偶像崇拝はダメだと、カブール市

ナカムラ広場の肖像（高世撮影）

内にあった壁の絵などはぜんぶ消されたんだけど、ナカムラ広場にはでっかい中村さんの肖像のモニュメントを置いた。それだけ中村さんの功績を高く評価してるということだと思います。

実はこういうことがあったんですよ。今、タリバン政権下では米軍がいた時よりもはるかに治安がいいんですが、道路に何キロかごとに検問所があるんです。そのたびに車を止められて、私たちは外国人だからパスポートと取材許可証を見せるんですけど、誰何（すいか）されて、こっちが「ジャパニ、日本人だ」って言うと、銃を持ったタリバン兵がにこっと笑って大声で「ナカムラ！」と叫び返して「行ってよし」と手を振る。パスポートも見せなくてよし。それが何度もありました。だから、今のアフガンでは日露戦争、ヒロシマ、ナガサキ、それにナカムラが加わって、日本人の「株」が上がっているわけです。

佐 なるほど。

高 もし日本政府が、中村さんとペシャワール会のような住民目線でちゃんと支援をやったら、ものすごい仕事ができるはずだなと思って帰ってきました。

佐 そういうのは新聞、雑誌に載ったりしないの？

高 私はちょこちょこ書いてはいますけど。あと、一応新聞では、中村さんの大きな肖像がありますよって いうのは取り上げてますけど、本当はタリバンがあ あいうことをやるのはすごいことなんだと、ちゃんと外務省の人にも言ったほうがいいと思うんだけどな。

佐 そうだよね。つまり外交っていうのは、結果的には人だからね。

高　そうです。だから、中村さんがやってくださったことは日本にとって本当に大きいんです。中村さんが亡くなった時は前政権のガニ大統領だったんですけど、大統領が中村さんのひつぎを担いだんですね。

佐　ああ、そう。

高　はい。アフガンの国旗で覆ったひつぎを大統領自ら担ぐという、ほぼ国葬に準ずるような礼を尽くして丁重に日本へ送り出した。だから、ガニ政権も、タリバンも、本当に思想信条も立場も越えて中村さんは評価されてるわけです。
　ちょっと余計な話ですけど、その時の遺体が日本の成田空港に着いた時、閣僚クラスは一人も出迎えないんです。政府関係で出迎えたのは外務副大臣が最高役職。日本政府は敬意がなさすぎる。

佐　分かんないやつらに迎えられてもな。

高　私なんかは、本当にノーベル平和賞に一番ふさわしい人だと思っていたんですけど。しかも、天皇皇后両陛下は、ご進講で何度も中村さんを招いてました。それ

で中村さん、天皇大好きなんですよね。

佐 今の上皇ね。天皇が呼んだという話は知られているの？

高 どうでしょう。意外と知られてないかもしれませんね。上皇ご夫妻はすごくペシャワール会の活動に関心を持って、いつも時間を延長してご進講していたそうです。

佐 そこも田中正造とおんなじだね。直訴とか。

高 だから変な話、中村さんは左翼かなと思ってると、天皇が好きだっていう発言もあるから、どっちなんでしょうね。

佐 彼にノーベル平和賞をという話があったでしょ。

高 はい。もうだいぶ早いうちから中村さんをノーベル賞に推薦しようという動きがありましたね。

佐 でも、佐藤栄作がもらった賞だからね。オバマも「核なき世界」でもらったけど、声かけただけで実際何にもやってないからね。中村さんとはぜんぜん違う。

高 毀誉褒貶（きよほうへん）は全く気にしない人でしたけどね。そういえば日本とドイツって、第二次世界大戦後は同じような立場だったんですが、ドイツは途中から金だけ出しているのはどうなんだということで、海外に兵隊も出すようになったんですね。それで実はアフガンで戦後初めて戦闘地域の戦死者を出してるんです。だから、ドイツにとってもアフガン戦争は一つの大きな画期になったんですが、あれを見てると、日本がその後を追っかけてるような気がして、非常に心配です。

佐 ドイツと日本が違うのは、ドイツは原爆を落とされてないから。別に落とせって言ってるわけじゃないけど。オン・ザ・ブーツの話、それで小泉純一郎のこと思い出したけども、あの時、小泉が生意気に城山三郎さんの作品を愛読してるとか言って城山さんと会ったのよ。その後も何回か会ってんのかな。でもちゃんと分かってなかったんだね。それで**自分が行く地帯は安全地帯**とか、訳分かんない話したじゃない。

高 はい。そうでした。

自分が行く地域は〜
二〇〇四年、小泉純一郎首相（当時）が国会答弁で、イラク復興支援特措法が定める「非戦闘地域」の定義について聞かれ、「自衛隊が活動している地域が非戦闘地域だ」という旨の発言をした。

佐 行けって言ったんだよね、城山さんは。実際に行けと。

高 小泉に。

佐 うん。実際にそういうこと書いたのよ。行けと。それで安全だったら安全だろうと。安全でなくて撃たれて死んだら、指導者としてそれで本望じゃないかって書いたの。そのとおりだよね。指導者たる者、そのぐらいの覚悟で行かなきゃ駄目でしょう。一番みっともないのは公明党の神崎武法だよ。三〜四時間いて大丈夫でした、みたいに言ってさ。

テロリズムの背景、共同体のおきて

高 そもそもの話をすると、テロリズムは基本的に警察力で取り締まるもので、飛んでいって爆撃するものじゃなかったわけですよね。

佐 それと、テロっていうのは、じゃあなぜ起きるのかっていう。

高 そうです。

佐 何もないところにテロが起きるわけがない。それは、やっぱりある種の支持があるわけでしょ。すごく面白いのは、大逆事件の**幸徳秋水**でも何でも、だんだん時間がたってくると、あれは完全にでっち上げだ、彼は郷土の誇りだというふうになってくるわけ。テロの対象になった人間とテロリストの評価はひっくり返る場合もあるんですよね。

高 アメリカ軍駐留時代のアフガニスタンでは、中村さんが言うに、治安が悪い所は確実に干ばつの地域と一致すると。中村さんたちの所がそういうことが起こらないのは、つまり、食えなくって兵隊になっていた人たちが戻ったわけです。

アフガニスタンの農民はみな武装してて、食い詰めるとまず男が兵隊になる。どこの軍でもいいからとりあえず兵隊になって、稼いで家族を養う。そうしたお金を稼ぐために兵隊になった人がテロリストと言われて殺されていく。

男たちは、用水路ができて水が来て農作業ができると知ると、兵隊をやめて村に帰っ

幸徳秋水
日本最初の社会主義政党である社会民主党の創立者の一人。一九一〇年、その多くが冤罪とされる社会主義者の大量検挙（大逆事件）が起き検挙され、のちに刑死した。

て、銃を鍬に持ち替えて働くようになった。用水路が十分な水を供給すると、村と村との間が水争いで流血の惨事になっていたのがなくなる。そうやって治安がよくなって平和が戻る。だから結局テロって大本のところは、食えないって話なんだってことですよね。

佐 村八分っていう言葉あるでしょ。これはある種の閉鎖性の象徴のようにいわれるけど、久野収先生に聞いたら、村八分の二分は火事と葬式で、その時は解除する。それは、一揆とかを起こす時の秘密を保つための、秘密保持のための村八分なんだっていうんですよね。

高 その解釈、初めて知りました。

佐 秘密がだだ漏れしてたら、支配者にやられるわけじゃない。だから閉鎖的っていうけれどそうじゃなくて、圧政、あるいは収奪を繰り返す支配者に対して抵抗する時に生み出された知恵なんだと。葬式と火事だけは解除するっていうのも、やっぱり知恵なんですよね。それ、中村さんなんか一発で分かると思う。

高 共同体の秩序っていうことですよね。おきてというか。

佐 そう。だから、何を守らなきゃなんないかっていう。『カルメン』を書いたメリメっていう作家がいるんですよ。その人に『マテオ・ファルコネ』っていう短編があるの。岩波文庫で『エトルリヤの壺（つぼ）』っていう短編集に入ってるんだけど、それはちょっとすごい話なんですよね。

コルシカ島のはずれに警察や軍に追われた人たちが逃げ込む場所、マキとかいうのがあるんですよ。そこの顔役がマテオ・ファルコネという人で、ある時、追われてそこに逃げてきた男がいたんだけど、マテオ・ファルコネと奥さんは出かけていて、息子が留守番していた。逃げてきた人は「俺はおやじの友達だ」って言って、息子は五フランかなんかもらってかくまうんですよ。

その後、追っかけてきた軍人が「この子は逃亡人を隠したな」と思って、銀時計をチラチラさせて「欲しくないか」ってやるわけですよね。息子はその誘惑に負けて、逃亡人が捕まってしまうわけ。

捕まって連行される時、マテオ・ファルコネが帰ってきて、息子の仕業だと知って、俺んとこに裏切り者の血が流れてるのは許せねえって、息子を射殺しちゃう。村のおきて、守らなきゃなんないものは何か。それがやっぱり名作として残ってる。

岸田文雄にこの意味は絶対分かんないだろうと。息子に箔(はく)付けるために秘書官にするような人間にね。あるいは麻生太郎だって。もうほんとに二世、三世ばっかりじゃない。**羽仁五郎**がこの短編についてどこかで書いていて、私もそれで読んで、**小島直記**さんというどう考えても保守的な人も、やっぱりこれを忘れられない作品だって言ってる。

高 いや、中村さんはすごくそれ分かると思いますよ。彼は近代ってものに対して、ものすごい疑問を持っていましたから。近代以前であるアフガンは、客人をとにかく大事にするし、オサマ・ビンラディンでも客人であるかぎり、アメリカに引き渡すわけにいかないっていう。

それから身内が殺されたら必ず復讐する。アフガンの新聞には、少年が人を殺したという記事がいっぱい出るんですけども、ほとんどが復讐だそうです。そうすると、周りの人は「良くやった!」と褒める。

中村さんは、日本にも忠臣蔵があるだろうって。要するに、あだ討ちですよね。だからもとは日本人も理解できるはずなんだけども、その後の近代化でやってはいけないことになってしまった。

でも、そういうおきてできちんと成り立ってる共同体があるんだってことを、中村さんはよく分かっていたんですね。それに対して、欧米のNGOがやって来て、人権とか

羽仁五郎
歴史家、元参議院議員。マルクス主義歴史学者として唯物史観にもとづき明治維新を研究した。戦前・戦中には反戦反ファシズムを訴え二度入獄。戦後も多くの社会運動に携わった。

小島直記
小説家。実在の人物に材をとった多数の著作がある。代表作として『小説三井物産』『まかり通る』など。

民主主義とか女性のエンパワーメントとか近代的なものを強引に持ち込もうとするから、農民が反発してぐちゃぐちゃになってしまった。中村さんはそういうのがよく分かっていて、アフガンの田舎の文化、風習も人間の一つの共同体のあり方なんだと尊重したから、信頼されて活動できたんだと思います。

佐　面白いね。忠臣蔵だと、ちょっとばか殿様になるからあれだけど、国定忠治だよな、要するに。だから、反社会的勢力って言うけど、ほんとはどっちが反社会的勢力かっていうのを問い返していかなくちゃならない。ヤーさんを排除する条例？

高　暴対法（暴力団員による不当な行為の防止等に関する法律）ですか。

佐　そう。暴対法ができた時に、おかしいって言って反対の記者会見やったの。田原総一朗さんと**西部邁**と私。**堤清二**も来た。

その時に、どこで線を引くんだってことなんだよね。それで私は、そもそも法律っていうのは殺人なり窃盗なり行為を罰するものだと。ところが、暴対法は身分を罰してる。しかも括弧付きの身分。ヤーさんっていうレッテル貼ると全部駄目っていうね。いい人でも悪いことやるし、悪い人でもいいことをやるわけでしょ。そこが権力者に

西部邁
評論家、経済学者。保守派の論客として活躍した。

堤清二
実業家。セゾングループ創業者。「辻井喬」の筆名で小説家・詩人としても知られる。代表作に詩集『異邦人』、小説『虹の岬』など。

よってひっくり返されちゃう。むしろ権力っていうものに対する対抗が、さっきの村八分もそうだけど、「おきて」なんだよね。

高　自分たちの社会を維持するために。

佐　そう。だから、もう少し脱線すると、**西山太吉**さんの例でも、権力というのは、とんでもないことをやるわけでしょ。それを国家がついた嘘と、それをどういう取材で明らかにしたかって、これは別次元の話なのに、「情を通じて」っていうのが出た途端にひっくり返っちゃう。そういうのに簡単にいかれちゃう、日本のある種の気弱さってのがあるよね。精神風土というか。

高　中村さんがアフガニスタンの現地であれだけ受け入れられて、一方、ヨーロッパ系のNGOは全部失敗するんです。とにかく彼らは上から目線なんですよ。アフガンは遅れてると。例えばブルカっていう女性の服だって、あれ、フランスなんかじゃ公園の銅像にかぶせてばかにして、それで結局法律まで作って禁止しちゃったんですよね。公共の場でブルカ着ちゃいけないと。着るのは遅れてるやつらだっていうことで。そこに人権だの自由だのを持ってきて「進歩」させてやろう、「改革」してやろうとする。当然

西山太吉
ジャーナリスト。毎日新聞政治部記者時代、沖縄返還をめぐる日米の密約を示す機密文書を入手、報道し、「西山事件（外務省機密漏洩事件）」へと発展した。外務省の女性事務官を通じて文書が西山の手に渡ったことから、「情を通じ」取材を行ったとしてバッシングにあった。

アフガニスタン人から大きな反発が来る。ちなみにブルカって単なる外出着で、ブルカを無くしたいと思ってる女性は、少なくとも田舎では皆無です。

で、中村さんが信頼を得たのは、それはそういう社会のおきてだだからいいんだと。目の前の人間が、食べられるようにすることに集中すればよくて、生活習慣を近代のわれわれの基準で「遅れてる」だの「不自由」だの言う必要ない。現地の習慣なり文化に対して、われわれは批判しない。とにかく人を助ける。そこに上下とか、遅れてるとか進んでるとか関係ない、みんなわれわれとおなじ人なんだっていう、人間観がすごくしっかりしてたなと思うんですよ。

中村哲医師に学ぶ異文化との共生

中村医師は、亡くなる三カ月前の二〇一九年九月、アフガニスタンでの支援活動の方針についてこう語っていた。

私たちが三五年間守ってきた一つのガイドラインは、その地域の文化や宗教につきましては、それを良い悪いということで裁かないということでした。（略）私たちは決して現地に社会改革に行っているのではありません。人々の命をいかにして守るかということに苦心してきたのです。

外国人が犯しやすい過ちは、自分たちが見慣れないものを見ると、つい自分たちの物差しでもって、違いがあるものを良い・悪い、それから遅れている・進んでいる、劣っている・優れているという目で裁いてしまう。このことが現地で外国人が住みにくい条件を作ってきた。トラブルも起きやすい。私たちとしましては、命ということを中心として、仕事を進めてきました（二〇一九年九月九日、川崎市総合福祉センターホールでの講演）

欧米のNGOの場合、女性がみなブルカという頭からすっぽりと全身を覆う服を着ているのを見て「これは許すべからざる女性差別だ」と決めつけることがよくある。しかし、これは現地の習慣で、当の女性たちは全く違和感を持っていない。その習慣をやめさせようとすれば、NGOは現地と衝突して追放になり、結果として支援活動ができなくなってしまう。

中村医師は、人々がその土地の習慣や掟の中で生きている現実を受け入れ、その上で人々の命を守り、幸せな状態にしてやることを考えるべきだと言う。

自分と異なる文化や宗教を「良い悪い」で裁かない。これを徹底して貫いたからこそ、中村医師とPMSの活動は人々に信頼され、大きな成果をあげることができた。しかし、これは言うは易いが実行することはきわめて難しい。

アフガニスタンの農村社会は、中村医師に言わせれば、「日本の刀狩り以前」で、農民が武装している兵農一体の部族社会である。主要民族、パシュトゥン人の日常生活を律する規範が「パシュトゥヌワレイ（パシュトゥン人の掟）」と呼ばれ、中村医師によれば、「外国人の想像を超える強固な農村社会の掟」である。法律以上に拘束力があり、都市部では少しずつ廃れてきてはいるが、概ね健在で、警察や行政はめったに介入しない。犯罪については、泥棒は手の切断、婦女暴行は死罪、強盗は撃ち殺してもよいとされる。これが犯罪の抑止力になり、それなりに安定した社会を保証している。

この伝統の掟の代表的なものが「メルマスティア（客人接待）」と「バダル（復讐法）」だ。タリバン政権が、「テロリストのビンラディンを引き渡せ」とのアメリカの要求を蹴ったのは「客人接待」にあたる。「客人を理由なく売り渡さない」という不文律に従ったタリバンの行動は一般大衆に説得力を持っていたと中村医師はいう。このビンラディンの身柄引渡し拒否こそがアメリカの侵略を招いたのだから、民衆が米軍に敵意を持つのは当然である。そして「バダル（復讐）」について中村医師はこう語る。

バダルとは、「目には目を、歯には歯を」で知られる報復である。危害を加える敵に対して、同様の報いを与えるもので、中世・近世日本の「仇討ち」に近い。「ドシュマーン（敵）」という言葉は、現地で独特のひびきがあって、これも外国人が理解しにくい慣習の一つである。家族同士の代々の抗争のこともあれば、理不尽な仕打ちに対する正当な抵抗のこともある。わがＰＭＳのアフガン職員でも、「家の事情」で突然の休暇をとる場合、この「敵」の対処に絡むことが珍しくない。（略）

誰の目にも理不尽な仕打ちの場合、「仇討ち」を賞賛する。例えば、悪徳有力者が弱い者を殺め、やられた側に成人男子がいない場合、母親がわが子を復讐要員として育てる。宴席に招いて毒殺という例もあった。数年後「めでたく」本懐を遂げると、人々

『天、共に在り』

は「あっぱれ」と賞賛する。現地の新聞は「少年による殺人事件」という記事に事欠かない。ほとんどが「仇討ち」で、人々は美談として受け取る向きが多い。

最近日本で見られるような「家庭内殺人」とは異なる。ある現地ジャーナリストが日本に来て、「親殺し」や「児童虐待」のニュースを聞いて大いに驚き、「こんなひどい話は初めてだ。日本の治安は最悪」と述べたという話を聞いたが、同じ「殺人」であっても、アフガニスタンの方が納得できる気がする。日本でさえ「赤穂浪士」は美談であるから、まんざら理解できぬことではない。いわゆる家庭内暴力や自殺も、人権思想が浸透しているはずの先進国で圧倒的に多いのは皮肉である。健全な倫理感覚と権利意識とは、案外反比例するのかもしれない。

現地の人と長く付き合っていると、美点も欠点もコインの裏表のようなもので、気に入ったところだけを積み上げて愛するというわけにはいかない。いや、美点・欠点を判断する「ものさし」そのものが、自分の都合や好みで彩られていることが多い。「共に生きる」とは美醜・善悪・好き嫌いの彼岸にある本源的な人との関係だと私は思っている。

中村医師はここで、「美点・欠点を判断する『ものさし』そのもの」を問題にしている。私たち現代日本に暮らす者の「ものさし」は近代的な価値観でできているから、バダルには違和感を持つかもしれないが、近代化される前の日本人なら赤穂浪士の仇討ち同様、バダルを理解できたはずだ。自分が今持っている「ものさし」を相対化し、自由な目を持てば、目の前の風景が変わってくる。アフガニスタンの農村が「遅れている」「劣っている」とは見えなくなる。これが「共に生きる」ための前提になるのだろう。

この問題は、タリバンをどう評価するかにも関わってくる。欧米をはじめいわゆる国際社会が、タリバンを「邪悪なテロリスト」、その政権を「狂信にもとづく恐怖政治」として全否定していたとき、中村医師は、タリバンが農村の伝統を基盤にすることで、多くの国民に支持される事情を冷静に見つめていた。

カブール市を除くほとんどの地域は、簡単に言うと田舎、アフガニスタン全体が巨大な田舎国家と言っていいわけです。タリバンというのは、言い方は悪いですが、やや国粋的な田舎者の政権なのです。ということで、中には荒唐無稽な布告もありましたけれども、ほとんどが昔から農村で守られてきた慣習法をそのまま採用した。

『ほんとうのアフガニスタン　18年間〝闘う平和主義〟をつらぬいてきた医師の現場報告』二〇〇二年、光文社

その結果、米軍と親米政権の国軍が圧倒的武力をもって掃討作戦を繰り返しても、地方ではタリバンが着実に支配を拡げていたのだ。

中村医師が銃撃で亡くなる前々日、二〇一九年一二月二日の『西日本新聞』に、中村医

師の絶筆となる寄稿「信じて生きる山の民」が載った。

「緑の大地計画」を辺鄙で孤立した地域に広げるため、中村医師はある「旧来の文化風習を堅持する」山岳民族の村を訪れた。よそ者をなかなか受け入れない排他的な所なので、中村医師も慎重に工事の話を切り出した。

「水や収穫のことで、困ったことはありませんか」

「専門家の諸君にお任せします。諸君の誠実を信じます。お迎えできたことだけで、村は嬉しいのです」

こんな言葉はめったに聞けない。彼らは神と人を信じることでしか、この厳しい世界を生きられないのだ。かつて一般的であった倫理観の神髄を懐かしく聞き、対照的な都市部の民心の変化を思い浮かべていた。

約十八年前の軍事介入とその後の近代化は、結末が明らかになり始めている。アフガン人の中にさえ、農村部の後進性を笑い、忠誠だの信義だのは時代遅れとする風潮が台頭している。

近代化と民主化はしばしば同義である。巨大都市カブールでは、上流層の間で東京やロンドンとさして変わらぬファッションが流行する。見たこともない交通ラッシュ、霞のように街路を覆う排ガス。人権は叫ばれても、街路にうずくまる行き倒れや流民たちへの温

（【アフガンの地で　中村哲医師からの報告】　信じて生きる山の民」西日本新聞、二〇一九年一二月二日

かい視線は薄れた。泡立つカブール河の汚濁はもはや河とは言えず、両岸はプラスチックごみが堆積する。

国土をかえりみぬ無責任な主張、華やかな消費生活への憧れ、終わりのない内戦、襲いかかる温暖化による干ばつ——終末的な世相の中で、アフガニスタンは何を啓示するのか。見捨てられた小世界で心温まる絆を見いだす意味を問い、近代化のさらに彼方を見つめる。

中村医師はアフガニスタンの伝統に生きる農村と急速に近代化される首都を比較しながら、私たちの「ものさし」を形作る「近代」の病弊をつきつける。異文化との共生は、自らの生き方を問うことにつながり、人として大切なものは何かに気づかせてもくれるのだ。

民族や文化、宗教の違いを越えて、人が人であるかぎり共有できる「本当に必要なもの」を見つけていく。人類が生き延びる道はそこにしかないと中村医師は訴える。

人間にとって本当に必要なものは、そう多くはない。少なくとも私は「カネさえあれば何でもできて幸せになる」という迷信、「武力さえあれば身が守られる」という妄信から自由である。何が真実で何が不要なのか、何が人として最低限共有できるものなのか、

『天、共に在り』

目を凝らして見つめ、健全な感性と自然との関係を回復することである。（略）

やがて、自然から遊離するバベルの塔は倒れる。人も自然の一部である。それは人間内部にもあって生命の営みを律する厳然たる摂理であり、恵みである。科学や経済、医学や農業、あらゆる人の営みが、自然と人、人と人の和解を探る以外、我々が生き延びる道はないであろう。それがまっとうな文明だと信じている。その声は今小さくとも、やがて現在が裁かれ、大きな潮流とならざるを得ないだろう。

アメリカと金融資本主義

佐 近代っていうのは、ある種、格差を許す社会ですよね、簡単にいえば。努力すれば報われるとかいうけども、つまり格差を承認する法律とか制度を作っていったわけでしょ。で、アフガニスタンはイスラムだよね。**内橋克人**さんに教わってなるほどなと思ったんだけど、つまり、イスラムは利息取っちゃいけないんですね。

高 はい、そうです。

佐 それ、アメリカが入っていけないですよね。金融資本主義が。

高 「イスラム金融」っていうんですよね。

内橋克人
経済評論家。弱者の立場に立ち、早くから規制緩和や構造改革といった市場原理主義を批判した。

佐　入っていけないでしょ。だから、つぶさなきゃなんなかったんだと思う。内橋さん、そう言ってたよ。金利を取らない、利息は駄目っていう考え方は、私なんかから見れば、アメリカよりずっと進んでるじゃないかという話だけども、アメリカにとってはきわめて都合が悪いよね。だから、それをぶち壊さないと経済的侵略ができない。

高　ムスリムって、金融を含めて、生活習慣をすべて律するから強力なんですよね。だから、これをぶち破るのは大変ですよ。

佐　もうずっと続いてきてるから、イスラムの世界だと利息っていう観念は分かんないわけですよ。何で利息取るの、ちゃんと返したらいいじゃないのっていう話でしょ。イスラムは相互扶助だよね。そっちのほうがずっと進んでる。だから、そこがやっぱり全然違うし、中村さんは全身で近代に抵抗していた。

高　中村さんはイスラムの女性をどう思ってたのかっていうと、そもそも現地で、農村で、女性が一番大変なのは水くみの労働なんだと。水がないからものすごく長い距離を歩いて行って、帰ってきて、しかもまきは高いから、飲む時には煮沸しないで川の水をそのまんま飲んじゃう。なぜみんなが病気になるかっていうと、要するにまきが買えない。その理由として、干ばつでまきがもうなくなってるんですよ。

でも、マルワリード水路を造ったら、きれいな水がちゃんと近くでくめるようになって、女性たちがものすごく喜んだ。これが、現地の女性に対するまっとうな支援であって、ブルカをかぶるのが後進的だとか、エンパワーメントするとかそういうことじゃないんです。とにかく、目の前の困難に対して具体的に支援することを常に中村さんは重視していました。

佐 その長年蓄えられた生活の知恵を、金融資本主義が破壊して、格差をつくることができるようにしていったんだよね。だから、相互に助け合うっていう精神は、アメリカにとっては一番邪魔な精神だった。

高 歴史的に見ても、イランもアフガンも全く同じパターンなのですが、開明的な王様が現れて社会を西洋化しようとする。イランの場合はテヘランでミニスカート姿の女の人なんかが現れる。それってかつてのイスラム世界ではもう裸で歩いてるのとほとんど同じような話なんですよね。

いわゆる自由で進んだ国をめざして急激に近代化しようとした時に、バックラッシュ、反動が起こって、「イスラムに帰れ」とホメイニ革命になる。ホメイニ革命を学生含めみんな支持したんですよ。あの当時は、ですよ。

アフガンも同じことをやってて、強引に近代化しようとして、やっぱりブルカをやめろ、とかいろいろやって、その反動で原理主義的なイスラムの動きが強く出て来るんですね。だから、近代化するといって、無理やり共同体の伝統と秩序を壊しにかかったっていうのが、基本的に今の混乱のもとになっていると私は思います。

佐　だから、相互扶助社会を破壊して、そこに自由を持ち込んだら、それは飢える自由なんだよね。相互扶助を壊して格差を助長する。

高　競争がきて、貨幣経済がきて。

佐　競争がきて、格差でしょ。それに対する抵抗がやっぱりガンジーであり、ホメイニなんだよね。ガンジーはインド独立のために糸車を回すわけでしょ。つまり、機械に対する、まさに近代に対する抵抗の意思表示だよね。糸車回す。

久野収先生が、ホメイニはガンジーたり得るかだということを言ったんだ。つまり、ホメイニもガンジーと似て、ある種の復古だよね。復古っていうのは、しかし、何も昔に帰るということではなくて、日常の暮らしを大事にするってことなんだ。つまり、ある意味の互助なんだよね。格差を持ち込もうとする西欧に対する抵抗。

高 恐らくこの流れの中では、近代化っていうのは、もういや応なしにせざるを得ないと思うんですよ。ただ、それを上から押しつけるんじゃなくて、下から、「こういうふうに近代化しよう」とアフガニスタン人たちが自らやるしかない。ところが今回アメリカは、戦争と莫大（ばくだい）な復興支援というお金を使って近代化を押しつけたわけです。

実際、私、カブールを歩いてびっくりしたのが、宮殿じゃないかと思うような巨大な白い館が建ってて、聞いたら結婚式場なんですって。一日ぐるっと回っただけで、九カ所見ました。ものすごい豪勢な結婚式を、そのお城みたいなところでやるのがはやった。だから、二〇年間、莫大な復興支援のお金がつぎ込まれ、それで歪んだ形の消費文化もはびこっていったんですね。

それが今回のタリバンの政権になって、アメリカと国際社会は復興支援から制裁へとぐるっとひっくり返っちゃって、じゃぶじゃぶつぎ込んでいた復興支援金を、さっと全部引いたもんだから、経済が回らなくなって人々が飢えて困っています。経済制裁では、アメリカにあるアフガニスタン中央銀行の資産九〇億ドルを凍結し、世界銀行の復興資金やＩＭＦの供与金なども凍結で、経済活動がストップしてカブールは失業者だらけでした。そもそも戦争で国が疲弊していて、干ばつが今も続いているところに経済制裁が追い打ちをかけた感じです。制裁を解かない理由が人権だとか、さっきの女性への抑圧うんぬんという話なんです。

佐 それが表向きの話であって、根っこはつまり、利息取らないのを壊したいわけなんだよね。そういう風習がなくならないかぎり、銀行はもうからないわけだから。それを表向き人権とかなんとかっていうけども、根っこはやっぱり経済ですよね。

高 私もメディアの関係者なんで反省させられるんですが、結局、日本の報道もタリバン叩きになっちゃってる。実際、飢えてる人がいっぱいいるし、麻薬もすごくて、実はアメリカ軍が駐留した時代にはびこった麻薬で中毒者がいっぱい出ている。本来はいわゆる国際社会がその尻拭いしなくちゃいけないはずです。

その辺を見ないで、とにかく女の人を学校に行かせないなどの問題でタリバンを叩いて制裁する。私も女子教育停止はやり過ぎだと思いますけど、あれはタリバンが国際社会からの非難と制裁への対抗としてやってるみたいなところがある。でもタリバンが近代的な「人権」を制限すると見られる政策をやると、また国際社会から非難が来て、これにタリバンが対抗して超保守的な態度に出る。これもう、負のループになってる。だから本当は上から目線で欧米風の女性の権利を強いるんじゃなくて、やっぱり中村さんがやってたみたいに、まずいのちの問題を最優先する、そして具体的に、いま人々が望むことをかなえていくことから入らないといけない。

佐　だから、あくまでも格差が戦争を生むわけで、あるいは貧困が戦争を生むわけで、その目的を中村さんは絶とうとしたわけです。

いまアフガニスタンは？

アフガニスタンでは二〇二一年八月、米軍が撤退するなか、イスラム主義組織のタリバンが権力に復活した。いまアフガニスタンはどうなっているのか。筆者（高世）は二〇二二年一一月にアフガニスタンを取材したが、そのときの見聞と中村医師の情勢分析を参考に報告する。

いまアフガニスタンの人々の暮らしは未曽有の危機にある。国連の人道支援組織WFP（世界食糧計画）はアフガニスタンへの緊急支援を強く訴えている。

タリバンがアフガニスタンの政権を掌握してから、信じられないような規模の人道的危機が、さらに複雑で深刻になっています。（略）一五三〇万人の国民が、十分な食料を得ることができていません。

国は経済崩壊の危機に瀕しており、現地通貨は史上最安値を記録し、食料価格は上昇しています。
　急性栄養不良は三四州のうち二五州で緊急事態の基準値を超えており、今後一二カ月間で五歳未満の子どもの約半数、妊産婦の四分の一が命を救うための栄養支援を必要とするなど、さらなる悪化が予想されています。（二〇二三年六月現在での状況）

　私はアフガニスタンの首都カブールで、重篤な栄養失調の子を抱えて小児科病院につめかける母親たちや、「寄せ場」で日雇い仕事の口がかかるのを待つ失業者たちを取材し、経済破綻の実情を目の当りにした。街は失業者であふれ、多くの人がまともに食べることが難しくなっている。では、その原因は何か。

　一つにはもちろん、戦争がもたらした国の荒廃である。アフガニスタンは一九七九年のソ連による軍事侵攻以来、米国など列強や周辺国の介入もあって内戦が続いてきた。戦乱による破壊のすさまじさは、死者が二〇〇万人に達したとされ、国民の四人に一人が避難民となったことに現れている。

　だが、戦争よりもなおアフガニスタンの民を追い詰めたのは大干ばつだった。国民の八割以上が暮らす農村で耕地が沙漠化し、飢餓に瀕した人々が故郷を捨てる事態を前に、中村医師は、アフガニスタンを滅ぼすのは戦争ではなく干ばつだとして農村の復興に生

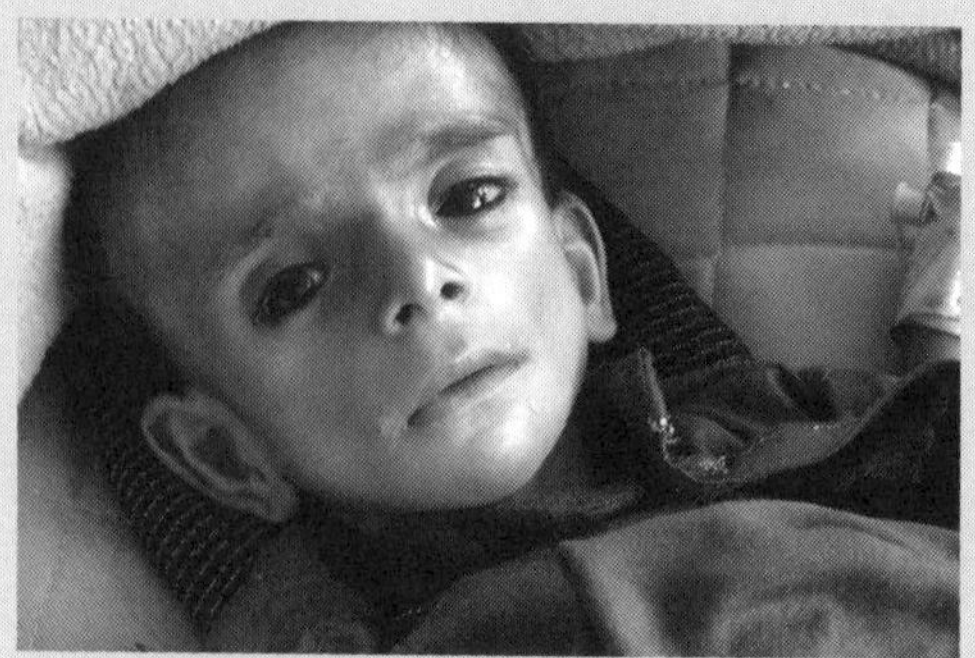

小児病棟の栄養失調の子ども(高世撮影)

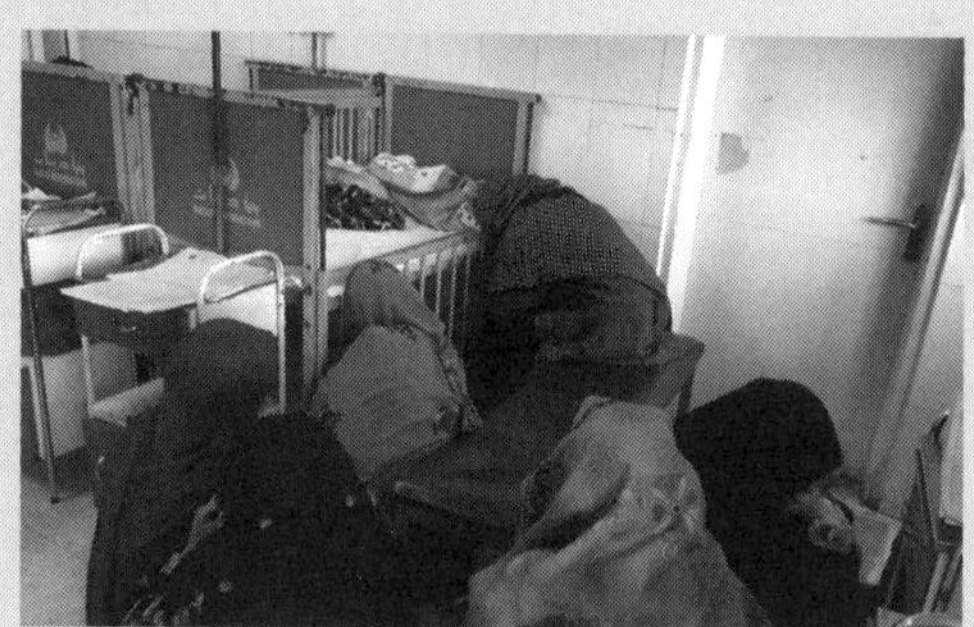

子どもを案じて付き添う母親たち(同)

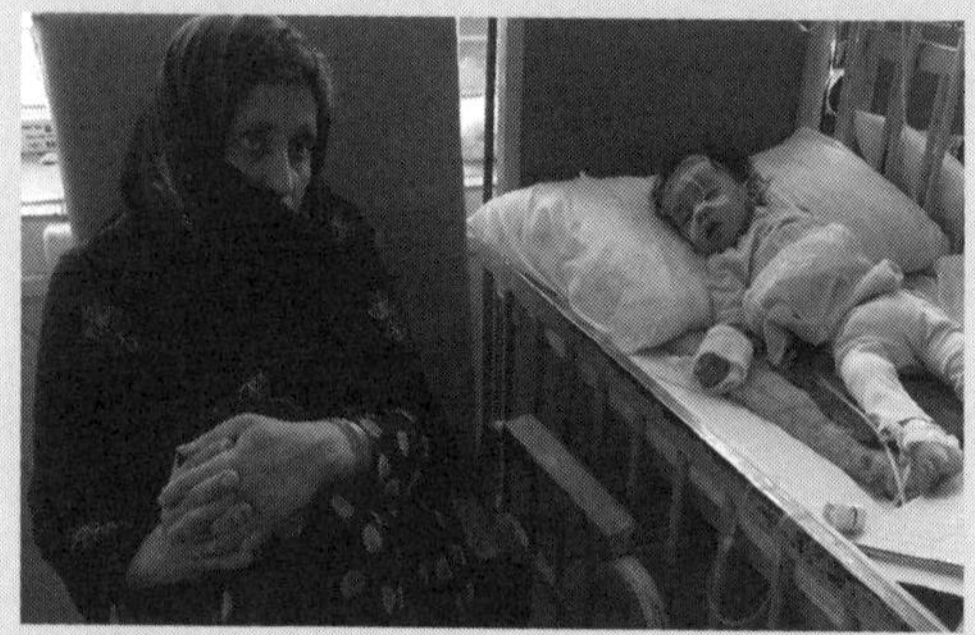

栄養失調の子どもとその母親(同)

涯を懸けて取り組んだ。

実は、中村医師が用水路づくり転じたきっかけになった二〇〇〇年にはじまる大干ばつは今も終わっていない。PMSの灌漑プロジェクトからおよそ一時間車で走ると荒涼とした土漠が地平線まで広がっている。ここがかつては耕作地で、植物の緑で覆われていたという土地の人の言葉が信じられなかった。干ばつは今なお人道危機の最大の要因であり続けている。

危機にあるアフガニスタンに追い打ちをかけたのが、タリバン政権への経済制裁だった。米国はじめ国際社会が支えてきた前政権は、国家予算の八割を外国からの支援に頼っていた。二一年夏の政変でタリバンが権力につくと、その莫大な支援がパッタリ止まったうえ、米国は旧政府の資産を凍結、アフガニスタン中央銀行は外国との取引を封じられていた。ドルや現地通貨の不足により、行政に必要な経費にも事欠くありさまである。外資を含め多くの民間企業が国外へ逃れ、制裁による貿易へのダメージも大きく、首都の経済は極度に冷え込んでいる。農村で食い詰めてカブールに出てきたものの、仕事が見つからず家族を生き延びさせるために幼い子どもを売る人も現れた。

麻薬の蔓延もすさまじい。カブールのある橋の周辺には常時数百人の麻薬中毒者がたむろしており、町の中心にある公園では日中から数十人の中毒者が座りこんでパイプで

干ばつに襲われた土地。かつては緑の大地だったという（高世撮影）

煙を吸う光景が見られた。いまアフガニスタンは世界の麻薬の八割を生産するとも言われる麻薬大国である。麻薬禍をタリバンの施政のせいにする報道もあるが、実は逆で、米軍の侵攻が招いたものだ。米紙『ワシントン・ポスト』による調査報道をまとめた『アフガニスタン・ペーパーズ』（邦訳、岩波書店）は、二〇〇一年までのタリバン政権時代には、厳格な取り締まりで麻薬生産は激減したが、「二〇〇一年にアメリカが侵攻し、ターリバーンを権力の座から引きずりおろすとすぐに、アフガニスタンの農民はふたたびケシの種をまきはじめた」と指摘している。麻薬はいわば米軍のアフガニスタン侵攻の「置き土産」であり、重い負担となってタリバン政権にのしかかっている。

二三年一〇月現在、タリバン政権を承認した国はまだ一つもなく、国際社会は経済制裁を続けている。その理由にされているのが、タリバン政権下でのいわゆる〝人権問題〟、特に女性の権利を抑圧する施策だ。タリバンは二〇年ぶりに政権に復帰すると、日本の中学高校にあたる七年生から一二年生までの六学年の女子の学校教育を停止した。これに欧米を中心に海外から激しい非難が寄せられた。二二年一二月には、タリバン政権は大学での女子教育をも停止、女性がＮＧＯ（非政府組織）で働くことまで禁止して、一段と女性の就学、就労の機会を狭めている。これに対し、欧米など国際社会はタリバン政権への非難をさらに強めている。

この構図は、二〇〇〇年に大干ばつが起きたときの状況をほうふつとさせる。当時、飢餓に直面する者四〇〇万人、餓死線上にあるもの一〇〇万人という窮地にあったアフガニスタンにもたらされたのは国際支援ではなく国連制裁だった。国際社会はアルカイダ幹部を引き渡さないことを理由にしてタリバン政権を敵視し、転覆しようとしていたのだ。

中村医師の当時の指摘は、現在のアフガニスタン情勢を見る上でも示唆に富む。

麻薬中毒者がたむろする橋の下（高世撮影）

麻薬中毒者（同）

アフガニスタン全土の九割以上はタリバン政権によって統一されたが、これを敵視する欧米諸国はマスードなどの小軍閥へ武器支援を公然と行い、混乱を加えている。二〇〇一年一月、タリバンを「テロリスト勢力」と決めつける米国などの音頭で国連制裁が実施された。それまで国際的認知を期待していたタリバン政権が一転して硬化し、徹底抗戦の構えを見せた。旱魃は収まる気配がなく、雨乞いで実施されたバーミヤン石仏の破壊は、却ってタリバン非難の大合唱となった。しかし、元来アフガニスタンは農業立国であり、タリバンの宗教政策は農村部の伝統的慣習を敷衍したものであったから、下層民や農民の大部分は、タリバン政権に違和感がなかったのが現実である。彼らが驚くべき少数の軍隊で国土を治め得たのも、このためである。多少のゆきすぎは、「一〇〇万人が餓死寸前」という、あの困窮状態では問題にならなかった。タリバンによる治安の回復は驚くべきで、人々は概ねこれを歓迎していた。

タリバン政権が倒れると再び大混乱に陥り、アフガニスタン国家そのものが崩壊するのは必至である。誰もこれ以上の混乱を望んではいない（「一九九九年度の概況」『ペシャワール会報』六八号、二〇〇一年七月より）

多くの国民が餓死の危機にあるときに制裁を加えられたタリバン政権が「一転して硬化」し、復古的行動をエスカレートさせて国際社会からさらなる非難を浴びる、という事態悪化のスパイラルは現在も起きているのではないか。

いまアフガニスタンはほぼ四〇年ぶりに平和を取り戻した。カブールのある初老の婦人が、暮し向きの厳しさを訴えながらも、こう私に語った。

「私が望むのは、第一に、この国が平和であること、その次は、仕事があって収入を得られることです。」

米軍駐留下と違って、治安はかつてないほど良い。外国軍がいなくなり、戦闘で人が死ななくなったことを国民の圧倒的多数が喜んでいる。タリバン以外に政権を担当できる勢力は見当たらず、国際社会は現政権と付き合っていくしかない。

では、女性の権利の問題をどう見たらよいのか。

タリバン政権が国民の多くに支持されるのは、これが「田舎者の政権」(中村医師)であるからだ。タリバンは、国民のほとんどが住む田舎の伝統的な掟、慣習にのっとった政策を採っている。例えば、女性が外に出る時には夫や兄弟などの同伴を得ること、ブルカという頭からすっぽりと全身を覆う外出着を着ること、みだりに家族以外の男性に顔を見せないことなどは農村部では当たり前の慣習である。タリバンは、こうした伝統的な慣習を厳しく守らせることで戦乱で乱れた地方の秩序、治安を回復させてきた実績がある。一方、カブールなどの都会には、近代化の波を受けて西洋的な価値観を持つ住民が一定数育っている。タリバンが田舎の掟や慣習を都会にも適用しようとすると摩擦が起きるわけである。

中村医師が活動していたアフガニスタン東部の農村で取材したかぎりでは、女性に公教育を停止した措置に反発する人は皆無だった。そもそも農村では圧倒的多数の女性が近代的な公教育を受けたことがない。また、カブールでも貧しい層の人々はこれをあまり問題にしていない。「女性の教育の問題はどうでもよい、まずは仕事をくれ」これが多くの人の声だった。食べられるようになることが先決だと言うのだ。

一方、私はカブールで、学校に通えなくなった少女たちがタリバンに隠れて学ぶ「地下学校」を取材した。リスクを冒して学校を運営する校長の勇気、そこで学ぶ少女たちの熱意には感銘を受けた。「地下学校」に通うのは、都市部の中流以上の層の少女たちだ。取材した一人の生徒はジャーナリスト志望で、アフガニスタンで大学に進めなくなったため、取材のあと、国を出てイランで勉強を続けている。彼女たちの希望はかなえてあげたいと思うが、国際社会の制裁でタリバンに政策変更を迫るのは、タリバン政権の反発を招き、逆効果になる可能性がある。国際社会がタリバン政権への関与を強め、融和的なアプローチをすることがより有効だろう。

国連は、最悪の人道危機に陥っているアフガニスタンに対し、経済制裁を継続しながらも、食糧配布などの人道支援は例外として実施している。冒頭紹介した国連WFPは、

女子がひそかに学ぶ地下学校（高世撮影）

地下学校の修了式（同）

WFPの食料配布事業（高世撮影）

大惨事を回避するためとして、以下のアピールを発した。

「アフガニスタンで困っている人びとを支援するために、二〇二三年七月から一二月の間に、一〇億四〇〇〇万ドルを緊急に必要としています。」

だが、この目標額に対して二割しか集まっていない（二三年八月現在）という。人道危機が深まる一方で、アフガニスタンへの国際的関心は薄れているようだ。いま必要なのは、〝人権問題〟を理由にした制裁とタリバンの「硬化」の応酬という負のスパイラルに陥ることなく、もっとも優先すべき〝命〟の問題で人道支援を強めることではないだろうか。

だが、人道支援はあくまで緊急の応急措置にすぎない。可能なかぎり早く、アフガニスタンが自立した経済を立て直すことができるよう、国際社会は経済制裁の解除を検討すべき時期に来ているのではないか。

国の復興のカギは、国民のほとんどが住む農村にある。中村医師とPMSが取り組んできた豊かな農村をつくる「緑の大地計画」は、今後のアフガニスタン復興の指針となりうる。日本はじめ国際社会の対アフガニスタン支援のあり方も中村医師の実践に学ぶ必要があるだろう。

▼「グローバル化による生存の危機」

――アフガニスタンから見た世界と日本

中村医師は、アフガニスタンに世界の矛盾が集中していると考えていた。

一つは地球温暖化＝気候変動で、もっとも深刻に人命に関わる危機が現れたのが中央アジア、特にアフガニスタンの大干ばつだったという。

もう一つは、グローバリズムという名のもとに世界中で進行する「近代化」と、近代とは対極にある伝統社会との軋轢である。中村医師は、これを戦争と混乱の元凶と見ていた。「グローバリズムとそれに抵抗する伝統社会が衝突する最前線」がアフガニスタンだった。

> アフガニスタンでは対テロ戦争を契機とする空爆で数千名が死亡し、大旱魃による飢餓地獄を更に悲劇的なものにした。この中にあって、「復興支援」の名目を国際社会が意図的に持ち込もうとする近代的価値観は、至る所で抵抗に遭遇した。人権を守る
>
> 『辺境で診る辺境から見る』二〇〇三年、石風社

筈であった自由とデモクラシーが混乱を徒に増幅し、人々の生存を脅かしている。タリバンの「圧制」から女性の権利を解放する筈であった戦いは、物乞いの寡婦たちを激増させ、外国人相手の売春の自由まで解放してしまった。農村社会と遊牧社会ではごく当然の子供たちの手伝い—それは次世代への生産技術の不可欠の伝承でもある—が、抑圧された「小児労働」として、人権侵害の烙印を押された。伝統的生活や文化のあり方まで批判し、軍事力や経済力にものを言わせて、これを変えようとするのが、グローバリズムの「民主的」と称する素顔である。

中村医師は苦しむ人々の怒りの声を代弁する。近代化の名のもとで、「地域的な固有の文化や生活様式の相違に過ぎないものが、善悪や優劣の範疇で裁かれ、文明の名の下に破壊すら正当化される」のだ。

さらに中村医師は、世界を覆いつくそうとするグローバリズムの背後にある動機に迫る。

グローバリズムとは、強国の経済システムが延命するための方便であり、推進する当人たちも制御できない、高度資本制社会の膨張の帰結と見ることができる。EC諸国や日

同右

本がアメリカによる報復戦争に反対することができず、消極的にでも協力せざるを得なかった背景には、世界金融資本の牙城を守らねば自国の経済もたちゆかぬ事情があったからである

これに対してアフガニスタンの大半の地域は自給自足で「カネはなくとも食っていける」生活をしている。独立不羈（ふき）の割拠性が強い、近代的国民経済がもともと存在しない世界である。その地に暮らす中村医師の目には、「何かの終わりの始まり」が世界に迫っていると映る。

生産と消費を無限に膨張させねば延命できぬ世界は、一つの行き詰まりに到達している。近代的生産様式は、自然からの搾取が無限大に出来るという錯覚、自然と人間の関係も倒錯に基づいている。その結末は、単に道義的な退廃というだけでなく、人類生存に関わる重要な問題を孕（はら）んでいる。

アフガンを襲う未曽有の旱魃が、地球温暖化によることは更に象徴的である。戦争と旱魃に見舞われた「アフガニスタン」は決して他人事ではない。私たちが知るべきは、自分たちの足元にも忍び寄る「グローバル化による生存の危機」である。遠からず、その光と影を論ずるだけでなく、わが身の日常空間にそれを実感することになるに違いない。これ

同右

を克服するのは、軍事力や目先の経済対策でないことだけは確かである。

人々の日々の暮らしを見守る慈悲深い「虫の目」と、大きな時間軸を持って世界を冷徹に俯瞰する「鳥の目」、その両方を中村医師は持っていた。「生存の危機」の警告が切実に心に迫ってくる。

では、グローバリズムの中にあるわが日本を中村医師はどう見ていたのか。

中村医師が愛した日本は、「文化や伝統、日本人としての誇り、平和国家として再生する意気込み」がまだ息づいていた。ところが今、かつての「精神的気流」は失われ、「進歩だの改革だのと言葉が横行するうちに、とんでもなく不自由で窮屈な世界になった」という。

今、周囲を見渡せば、手軽に不安を忘れさせる享楽の手段や、大小の「権威ある声」に事欠かない。私たちは過去、易々（やすやす）とその餌食になってきたのである。このことは洋の東西変わらない。一見勇ましい「戦争も辞さず」という論調や、国際社会の暴力化も、その一つである。経済的利益を求めて和を損ない、「非民主的で遅れた国家」や寸土の領有に目を吊り上げ、不況を回復すれば幸せが訪れると信ずるのは愚かである。人の幸せは別の次元にある。

人間にとって本当に必要なものは、そう多くはない。少なくとも私は「カネさえあれば何でもできて幸せになる」という迷信、「武力さえあれば身が守られる」という妄信から自由である。何が真実で何が不要なのか、何が人として最低限共有できるものなのか、目を凝らして見つめ、健全な感性と自然との関係を回復することである。

時流に流されず、「進歩」「改革」など耳障りの良い呪文に惑わされずに生きよ……。中村医師の忠告は鋭く私たちに迫ってくる。

第三章

「義」に生きる

川筋の人、中村哲

高 佐高さん、中村さんと対談されてますよね。

佐 うん。

高 最初、魯迅に似てると佐高さんが言ったら、えらく喜んでたじゃないですか。

佐 やっぱり乗せないと話にならないから。淡々とした人だよな。

高 そうですね。しゃべり方もぼそぼそ、って言ったら失礼ですけど、とつとつしてますよね。

佐 やっぱりあれは、あれは川筋の人？

高 はい。筑豊の石炭輸送に係わる侠気のある人が「川筋者」ですね。「義」のためには一肌脱ぐ気質はまさに川筋の男という感じがします。

佐 やっぱり任侠の血っていうのは争えないよね。

高 私もそれはあると思いますね。

佐 弱い人っていうか、困ってる人を見ると黙っていられないっていうね。

高 母方のおじいさんが玉井金五郎っていう人で、玉井組という沖仲仕（おきなかし）を仕切る顔役でした。玉井組のあった若松港は炭鉱ですごく潤った積出港で、あの当時、沖仲仕を束ねる組が幾つもあって、それの一つが玉井組。神戸の山口組もそうですが、港湾労働者を束ねる組から暴力団も生まれていきます。でも、玉井組の実態を見ると、低賃金の改善とか、けが人の保障とか、沖仲仕を守るいわば労働組合的な側面もあって、資本側と闘っていた。だから、沖仲仕を束ねる組の方向性には、労働組合的なほうに行くのと、暴力団のほうに行くのと両方あるようです。中村哲さんのお父さんの中村勉さんは、玉井金五郎の長男でのちの作家・火野葦平と一緒に沖仲仕の労働組合を結成して、ゼネストまでやり、治安維持法で検挙されています。

玉井金五郎さんは、根本には弱い人を助けてやろうっていう強い心持ちがあったようで、沖仲仕には朝鮮人や底辺の人たちが多かったそうですが、中村さんによると、玉井組ではそういった人たちを全く差別しなかったという話です。

佐 **辛淑玉**と話してたら、彼女の弟がヤーさんで、足洗うのが大変だったって言ってたな。辛淑玉が一人で親分のうちに乗り込んでいったら、弟は免除してやるから、おまえが入れって言われたってさ（笑）。

今の沖仲仕の話で、横浜の**藤木幸夫**、あの菅義偉を叱りつけたあのおじいちゃんを思い出すわけ。あれは港湾労働者の親分で、そのお父さんが沖仲仕組合の会長。副会長が**田岡一雄**だったのよ。

高 ナンバーツーが田岡だったんですか。

佐 そう。で、藤木幸夫はカジノ反対なんだけど、最初は賛成だったんだよ。ところが、いろいろ実際に見るから、カジノのせいで生活困窮していく人たちを見て反対になるんだよね。で、菅を叱りつけるようになるわけでしょう。あのおじいちゃん、面白

辛淑玉
人材育成コンサルタント。ヘイトスピーチとレイシズムを乗り越える国際ネットワーク「のりこえねっと」では佐高信らとともに共同代表をつとめる。

藤木幸夫
実業家。横浜市の政財界と太いつながりを持ち、「ハマのドン」と呼ばれる。横浜港へのカジノ誘致に反対し、市長選では昵懇であった菅義偉元首相と対立した。

田岡一雄
山口組三代目組長。

い人で、俺、意気投合したんだけどさ。あの人、神奈川の自民党員第一号らしいね。それこそ**石橋湛山**の時。
藤木さんは早稲田出身だから、石橋湛山を横浜の三溪園に案内したことがあるんだって。俺、藤木さんに会う時に、この人は石橋湛山だろうなと思って湛山のこと書いた本持って行ったら向こうがびっくりして、三溪園で案内した時の写真を大きくして送ってくれたよ。
それはともかくとして、そういうことだから警察で訓話をやらされるらしいんだよ、一年に一回。途中で必ず田岡の話をするから警察が困るらしいんだけども（笑）。だから、まさに庶民の生活に着目して、左右、関係ないんだよ、藤木さんは。それで、横浜市長選の時も、自分の盟友である小此木彦三郎の息子の選挙応援しなかったでしょう。

高 はい。

佐 辛淑玉の弟もそうだけど、結局、暴力団って、やっぱり行き所のない人の吹きだまりなわけですよ。

高 そうですね。

石橋湛山
第五五代内閣総理大臣。元ジャーナリストであり、戦時においても「小日本主義」を主張するなど一貫してリベラルの立場から論陣を張った。一九三二年首相に就任するも、病に倒れ石橋内閣は六五日という短命に終わる。

佐　弟に聞いたら、暴力団で差別受けてないやつなんかいねえよと。朝鮮人とか被差別部落とか、やっぱり行き場所がないんだよな。

高　はい。

佐　だから、行き場所をどうやって確保するか、そういう生き方を中村さんは外国で実践したわけだからね。

高　暴力団を擁護するわけじゃないですけど、ある組長が、今は暴対法で俺たちをいじめるけど、組にいるやつらは他に行くとこねえんだよなって。俺たちが引き受けるしかないっていう言い方したんだけど、そこはやっぱり妙な説得力ありましたね。

佐　だから、私はいつも言うんだけど、反社会的勢力というのは安倍とか岸田なんであって、何が反社だ、ふざけるなっていう話だよね。『ヤクザと憲法』っていう映画があるでしょう？　東海テレビが作った。

高　見ました。面白かったですね、あれ。

佐 あの親分と俺、『週刊金曜日』で対談したからね。

高 そうですか。

佐 通帳も作れないのよ。

高 はい。それは本当に困るって言ってました。私の知り合いの元ヤクザがいるんだけど、通帳も作れないって。それで愛人の銀行口座使わせてもらってるって。「オレに基本的人権はないのか」って嘆いてましたよ。

佐 そう。「ヤクザと憲法」っていうのはそういうことだよね。だから、中村さんから見れば、本当、安倍とか岸田のほうが反社会的、ヤクザなんだよ。国会でそれを言ったから、痛いとこつかれて自民党の議員たちが騒いだわけだな。結局おまえらがヤクザじゃないかってことでしょう、簡単に言えば。

高 アフガニスタンを攻撃するのはテロリズムとおんなじだって言ってますから。

佐 そう。反社会的勢力。

高 玉井組はヤクザじゃないんだけど、非常に苦しくて危険な労働をする仲間なんで、ものすごく内部結束が強いんですね。義兄弟みたいな関係があって、互いに命を懸けて守り合う、任侠的なものはあったでしょうね。親分のためなら命も捨てるみたいなことも含めて。その中でどんな底辺の人でも差別しない、弱いものいじめをしない、「義」に生きるという気風がつくられていって、のちに幼少期の中村さんに影響していったのかもしれませんね。

中村さんが、金を持ってる人が威張ったり、権力を持ってる人が見下して、人をばかにしたりするのは大嫌いだと言ってます。昔の侠客と似た、弱きを助け強きをくじくみたいなものが彼の倫理感のベースにあると思いますね。

佐 戦争中、軍部がヤクザを利用しようとするんだよね。**児玉誉士夫**とか、あの辺だと思うんだけど、その時に、われわれも代紋背負っていろんなことをやるけれども、菊の代紋を背負ってるやつらが一番悪いことをしたって言うんだよな。

高 問題発言だな（笑）。

児玉誉士夫
右翼活動家。鳩山一郎、岸信介、中曽根康弘ら歴代首相を含め政財界に強い影響力を持ったことから、「黒幕」「フィクサー」と称された。

佐　ただ、協力しないヤクザもいるわけよ。俺、そのとおりだと思った。菊の代紋背負ってるやつらが一番悪いことをする。

高　沖給仕を束ねる組から暴力団のほうに行かないで、労働組合的な、つまり資本と闘う方向に行ったのが玉井組です。長男の勝則、後の芥川賞作家、火野葦平ですが、彼はじっさいに労働組合をつくって、玉井組の事務所には玉井組と労働組合の二つの看板がかかっていたそうです。中村哲さんの父親の勉さんは、当時非合法だった共産党が指導した「全協（日本労働組合全国協議会）」の福岡の幹部で、満州事変の翌年、一九三二年の二月に治安維持法で検挙され、懲役二年六月の実刑判決を受けています。権力と闘って弱いものを守るというお父さんの「血」も哲さんは引き継いでいるのか、九州大学では医学部の学生自治会の中心メンバーになって、デモで警察のお世話にもなったそうですね。

蝶と山

佐 蝶々が好きなんでしょう。

 はい。それでパキスタンに行くんです。ヒンズークッシュ山脈の最高峰ティリチ・ミール（七七〇八m）に登る福岡の登山隊にお付きの医師として同行しました。そこには、珍しいチョウがたくさんいるらしいんですよ。中村さんは昆虫が大好きで、「昆虫記」のファーブルに憧れていましたから、とても楽しみにして現地に向かったそうです。

佐 ね。

高 で、登山隊が登っていく所はものすごい奥地で、全くの無医地区。日本から医者が来たとうわさが広がって、毎日患者が押し寄せてきたそうです。でも、薬は登山隊のために取っとかなくてはならない。それで、仁丹とかビタミン剤みたいなものでごまかすしかなくて、トラコーマで失明しそうなおばあちゃんが待ってくれって懇願するのを振り切って進むしかない。そのことが中村さんの心の負債になって、その後、その登山した所に近いパキスタンのペシャワールへの派遣医師に応募するんですね。

「(ペシャワールへの)赴任は最初にヒンズークッシュ山脈を訪れたときのひとつの衝撃の帰結であり、あまりの不平等という不条理にたいする復讐でもあった」と言っています。

中村さんは国際貢献なんていう言葉は嫌いで、たまたま蝶と山が好きでパキスタンの奥地に行ったのがご縁で、足が抜けられなくなっただけなんだよっていう言い方をしてます。

私は九州とアフガン東部しか知らない田舎者ですとも言ってます。実は中村さんは、失礼だけどたしかに田舎者で、三一歳のときにパキスタンに山登りに行ったのが初めての海外旅行で、その翌々年に大阪に用があって初めて新幹線に乗ったそうです。それまで九州から出たことないっていう、そういう人なんですよね。だから、いわゆる国際派のかっこいいスマートな人じゃ全然ない。パキスタンの北東部に行ったら、たまたま抜けられなくなって、国際貢献じゃなくて地域貢献をしてきただけ。要するに、困ってる人がいたら黙ってられないということでやってきた、それだけだと言ってますね。

佐 魯迅ももともとは医者だったんだよね。

高　だから似てますよね。魯迅は医学じゃ社会全体を救えないということで、文学へと向かうんですすね。

佐　そう。あと、ペシャワール会みたいな団体がそれなりに成り立ってるってことが一つの希望なんだろうけどね。それを支えてる人がいるわけでしょう。

高　はい。ペシャワール会ってすごい組織で、年に一〇億円近いお金を集めてたのに専従がいなかったんですよ。今はいるそうですが。さらに集めたお金の九〇％以上を現地に渡している。多くの人道支援団体やNGOの場合、募金の半分ぐらいは組織維持・運営費に回る。九割以上が現地の実際の支援に充てられるなんて驚異的ですね。

佐　人件費だよね。

高　あそこは全部ボランティアでやっていた。驚くべき話だと思いますよ。だって、経理のめんどくさい処理とか、現地との連絡とか、そもそも寄付集めだって、それぞれ大変な労力が要りますよね。それをみなボランティアでやってたわけですから。

佐 組織内に誰か突出した人がいたの？

高 最初は中村さんの同窓生とかが中心の個人的なファンクラブみたいな感じの集まりだったのが、次第に人道支援に徹したボランティアが中心になったそうです。でも普通の主婦もサラリーマンもいるごく普通の人たち。おそらくみなさん、中村さんが現地でやっていることのまっとうさに共鳴し、それに自分が貢献しているのを意気に感じるんだと思います。中村さんもまた、本当に小まめに現地の様子を会に報告し、ペシャワール会の活動が危機的な世界に灯をともす、人の道にかなったことなんだと常に励ましてます。帰国したときに行う中村さんの講演会もいつも満員になった。だから、中村さん自身に、やっぱり人を強く引き付けるものがあるんでしょうね。

佐 口でいろいろ言うより、とにかく鍬の一本でも持てっていうね。澤地久枝っていう難しい人がほれ込んで本を書くような人だもん。澤地さんが書いた男っていうのは、**志村喬**と中村哲ぐらいかもしんないよ。

高 え？ そうなんですか。

志村喬
俳優。黒澤明作品には欠かせない名優であり、『生きる』『七人の侍』をはじめとした名作に数多く出演。

佐 志村喬のことを書いてるんだよ。『男ありて』（文藝春秋）っていう本。とにかく両方とも黙ってるとずっと黙ってるような人だよな。

高 そうですね。

佐 ペラペラしゃべんないっていうね。

高 本当に命懸けてやってるのに、それを全然おもてに出さない。実は中村さん、戦闘の流れ弾で右足撃たれてるんですよ。それを知った記者に書かないでとお願いしてる。それ書くとみんな心配するからって言って、書かせなかったんですよ。傷は自分で縫ったそうです。実はいっぱい危ないことや武勇伝もあるのに、言ってないんですよ。そういうところもすごいなと思いますけどもね。

佐 奥さんに手紙とかは書いてるの？

高 私、そのへんのことは知らないんですけど、家族のことは大事にしてたと聞いてます。五人子どもさんがおられて、一人亡くなりました。

佐 亡くなったよね。

高 はい、次男が二〇〇二年暮に亡くなっています。奥さんとは会ったことがないんですけど、大した人だと思うんです。だって、最初にペシャワールに赴任した時、奥さんが小さい子ども二人を連れてって一緒に暮らしたんですよ。しかも赴任先は、病院って言っても、あるのはピンセット五つと、消毒して使い回してる使い捨ての注射器という惨憺（さんたん）たる状況。中村さんがイチから医療態勢を立て直すその間、奥さんが子どもの面倒見て、買い物なんかに行くわけでしょう。女性が一人で外出することがはばかられる土地で。その苦労を想像すると、奥さんは奥さんですごい人なんだろうな。

中村さんは蝶と山が好きで、その縁でアフガンに行くようになった、などと軽い感じで言うんだけど、いろんな苦労を知ると、大変だったろうなと思います。ところで中村さんって精神科医なんですよ。

佐 ああ、そう。

高　中学高校のころ、強迫神経症で人前でしゃべれなかったそうです。特に同年代の女子の前では緊張して何もできなくなったとか。それでたぶん心の問題に興味があって精神科医になったと思いますが、そのままではパキスタンのペシャワールでらい病（ハンセン病）の患者を診ることができない。

赴任前、中村さんは福岡徳洲会病院に行って、総合医の研修、要するに内科も外科もできるように研修して、国立療養所邑久光明園（おくこうみょうえん）でらい病の勉強をします。

佐　邑久光明園か。

高　それから、英国、ロンドンに行って英語を勉強して、その後、リバプールの熱帯医学校で熱帯病の勉強して、らい病については後で韓国に行ってもう一回勉強します。

ペシャワールに赴任すると、まずパキスタンの公用語ウルドゥー語の語学学校に入り、さらに現地に多いパシュトゥン人のパシュトゥー語、それにアフガニスタンの公用語の一つ、ダリ語（ペルシャ語）を学びます。現地の三カ国語をやるんです。ものすごい努力をして活動のための準備をしているんです。

簡単に、ちょっと山が好きでペシャワールに行ったんだなんて言うんだけど、赴任にあたっての準備を知ると、とんでもない努力をしてるのに驚きます。本当に。

佐　すごいよね。

高　中村さん、自分で苦労話をほとんどしないんですけど、普通じゃ考えられないくらいの行動力、実行力です。

佐　なるほどね。

高　それから、現地のトラブルも生半可じゃなくて、現地の人同士がすぐにけんかするし、暴力沙汰も起きる。灌漑一つとっても大変な苦労があって、なんでそっちだけやって俺んところをやらないんだと利害関係が生まれ、もめ事が起きたりする。

佐　水争いだよね。

高　土地の所有権の問題もあります。用水路工事のために収容する予定の土地があって、中村さんが、そこに行ったら、俺の土地をやるわけにはいかないと怒った農民に土くれを投げつけられて泥人形のようになったこともあるそうです。その土地の収用はすでに長老会でＯＫが出ていたんですが、タリバン政権が崩壊したあと、長老会の力が衰えて、なかなか村を治められなくなっていたことが背景にありました。米軍の力をバックにした新興軍閥などが勝手なふるまいをしても、それを共同体が抑えられなくなったんです。

用水路が通って緑の耕地になった。すばらしい。でも、それはそれで別な問題も出てくる。避難していた村人が戻ってくるだけじゃなく、沙漠化した他の地域からも人が集まってくる。昔は何にも使えなかった荒れ地が、水が来るようになって地価が一〇〇倍になった所も出てきた。なんやかんやとトラブルは絶えない。

乗り切るのは大変だったと思うんですよ、本当に。

佐 その任侠の血っていうのは、ある意味、もめ事を調停する血だからね。

高 そのとおりです。

佐 紛争解決人だからね。

「死んでも撃ち返すな！」――診療所襲撃事件の教訓

中村医師はパキスタン・ペシャワールに赴任して以来、アフガニスタンから逃げてきた難民の患者も診るようになり、さらにはアフガニスタンの山岳地帯へと進出していく。アフガニスタンの無医地区に最初に開いたのがダラエ・ヌール診療所だが、九三年一〇月、診療所が村人に銃撃されるというとんでもない事態に直面した。その時の中村医師の対応は驚くべきものだった。

当時、ダラエ・ヌール地区では悪性マラリアによる死者が続出し、診療所は連日患者が詰めかけてパニック状態に陥っていた。銃を持って「急患だ」と割り込んでくる者まで現れた。アフガニスタンの田舎は兵農一体であり、農民は「銃と自由を愛する」（中村医師）兵士でもある。診療所内の武器携帯は厳禁だが、興奮している男たちは武器を置かない。そこで診療所の職員の一人が、ライフル携行の男を殴り倒した。この職員はかつてソ連軍と戦うゲリラ指揮官として五十数人を殺した猛者である。

中村医師はそれを見て、先にこちらから手を出したのはまずいと思い、急いで駆けつけて職員を村人から引き離し「非暴力」を言い渡した。その場は収まったが、異変は村人たちが立ち去った一時間後に起きた。

診療所の外が何やら騒々しいと思った途端、ビシッ、ビシッと土塀に弾丸がめり込む音がしてきた。ざわめきが四方から聞こえる。診療所が包囲されているらしい。二名が銃弾で殉職した。

件（くだん）の職員が、「よし、こっちも配下を集める」と言い放つ。内戦の経験で彼らは、この程度の戦闘には慣れっこになっている。「このままでは、みんな殺されてしまう」と。

しかし私は、発砲厳禁、人も手配するな、と立ちはだかります。不安に駆られた彼が、それじゃ、皆殺しにされてもか、と不服を述べたが、私は「そうだ、皆殺しになってもだ！」と強く言った。そしてさらに言葉を続けたのです。「よく聞きなさい。私たちは人殺しに来たのではない。人の命を助ける仕事でここにいる」「鉄砲で脅す奴は卑怯者だ。それに脅えて鉄砲を撃つものは臆病者だ。君らの臆病で迷惑をするのは明日の診療を待っている患者だ」

この一喝で、殺気立った人も落ち着きました。こちらの落ち着きが闇夜のあちらにも伝播したのか、不気味に感じたのか、次第に銃声は遠のき、一時間後には何もなかった

『ほんとうのアフガニスタン』

かのように収まった

皆殺しになっても反撃するな！　戦闘に慣れた猛者も従ったのは、これを命じる中村医師に鬼気迫る迫力があったからだろう。

深夜、中村医師は長老に使いを出し、翌朝、付近の各村の村長や族長ら約二〇名を診療所に集めて告げた。

診療所が無用ならば、私たちは直ちにここを引き上げます。困っている村は数えきれないくらいある。役立たずの診療所と思っているなら、そうと言って下さい。今後の方針を決定します

同右

しばし全員沈黙の後、長老が立ち上がり、静かに昨夜の非礼を詫びた。これで一転すべてが解決した。長老の決定は絶対であり、診療所の安全は約束されたのである。

中村医師は「武力によってこの身が守られたことはなかった。防備は必ずしも武器によらない」という。そして事件を振り返って「信頼」こそが安全保障だと語る。

「死んでも撃ち返すな」と、報復の応戦を引き止めたことで信頼の絆を得、後々まで私たちと事業を守った。戦場に身をさらした兵士なら、発砲しない方が勇気の要ることを知っている。

私たちPMSの安全保障は、地域住民との信頼関係である。こちらが本当の友人だと認識されれば、地元住民が保護を惜しまない。

そして、「信頼」は一朝にして築かれるものではない。利害を超え、忍耐を重ね、裏切られても裏切り返さない誠実さこそが、人々の心に触れる。それは、武力以上に強固な安全を提供してくれ、人々を動かすことができる。私たちにとって、平和とは理念ではなく現実の力なのだ。私たちは、いとも安易に戦争と平和を語りすぎる。武力行使によって守られるものとは何か、そして本当に守るべきものとは何か、静かに思いをいたすべきかと思われる

『天、共に在り』

中村医師は単に銃で反撃しなかっただけではない。地域の秩序を仕切る長老たちをただちに集めて、私たちに居てほしいかどうかと、診療所の存在価値をタテに村人の自制を迫っている。見事な「外交交渉」と言ってもいいだろう。

さまざまな危険にさらされながら活動を続けた中村医師の歩み。そこに、国家の安全保障を重ねて学ぶべきことは多い。

用水路建設は総合芸術

高 そもそも用水路造るって大変なことなんですよ。私も知らないうちは、用水路なんてただどんどん掘っていけばいいのかと思ってました、非常に失礼ながら。だけど、東京の玉川上水をちょっと調べたら、水路一〇〇mにつき傾斜がわずか一〇cmなんですね。それをずーっと。

佐 付けないと流れてこない。

高 そう。その微妙な傾斜で多摩川から水を江戸まで運んできたんです。あれはあれですごい技術なんだけど、アフガニスタンで中村さんが最初に造ったのは一〇〇mで傾斜七cm。場所によっては盛り土し、場所によっては山を削る。一〇〇mにつき七cmの傾斜で二五kmの「マルワリード用水路」ができた。これはえらいことなんですね。

佐　なるほど。

高　地面に水が染みやすい場所は特別な工事をしなくちゃならないし、堤防をどうするかとか、もう総合芸術なんですね。実は中村さん、土木関係で二回も表彰を受けてるんですよ。

二〇〇九年に農業農村工学会賞（旧農業土木学会）、二〇一八年に土木学会賞技術賞を受賞しています。

佐　それ知らなかった。

高　中村さん、医者で、土木は全くの素人でしたからね。高校生の娘さんの数学の教科書を借りて、サインコサインから勉強し直したそうです。医者なのに数学が嫌いだったそうなんですけど、そこから土木工学を一からやって、三年後の二〇〇三年には設計図描いて工事を始める。それで、何度も失敗しながら、立派な用水路を造っちゃった。

しかも自ら現場監督やって、人の采配をして、材料を調達し、重機の運転まで自分でしてしまう。土木学会の人たちもみんなびっくりしたそうです。もう日本の土木はそれぞれが専門化、細分化されていて、設計図描くところから現場監督までやるなんて人はいませんって。だけど、みんながこれこそ本当の土木だって感心したそうです。

佐 その後、山田堰に行くんだよね。

高 そうなんです。用水路の水は川から引くんですが、取水口に水が流れるように堰というのが必要なんですね。普通は日本だとコンクリートで全部覆って、電動で油圧式の。

佐 上げたり下げたり。

高 はい。でも、向こうは電気がないし、お金もないからどうしようかと考えた。クナール河は暴れ川で、ヒンズークッシュ山脈の雪解け水が流れる季節の水量と勢いは日本の川とは比べ物にならない。普通の堰はすぐに流され、破壊される。すごく悩んで最終的に行き着いたのが、中村さんの故郷、福岡に古くからある山田堰。日本の農業遺産になっていますけど、山田堰がある筑後川もすごい暴れ川なんですね。

佐　暴れ川。

高　筑後川の水を堀川用水という水路に流すために造られたのが山田堰で、実は私、この堰の記録映画を作ったので知ってるんですけど、完成までに一〇〇年ぐらいかかってるんです、試行錯誤して。

今は日本で唯一残る斜め堰というもので、その方式を現地に持っていって応用した。今やクナール河から用水路に水を取り込む一一の取水口の堰を山田堰方式で造っています。

山田堰に学ぶ——中村哲医師と日本の伝統工法

中村医師とＰＭＳは、単純な機械で現地の資材を使い、現地の人々自身で造ることができる持続可能な灌漑システムを実現しようとした。しかし、それは試行錯誤の連続だった。

二〇〇三年三月、中村医師とＰＭＳはクナール河から水を引く工事を始めた。するとすぐに、大きな「壁」が立ちはだかる。それは、川から用水路への取水の問題だった。クナール河は七〇〇〇m級の山々が連なるヒンズークッシュ山脈を源として流れるアフガニスタン有数の大河であり、夏には山に積もった雪が一気に解けて洪水となる。夏冬の水位差が非常に大きく、川幅が広い所で一・五km、狭い所でも〇・八kmあった。問題は、夏の洪水とともに秋冬の低い水位だった。地球温暖化の影響で、夏冬の水位差は以前より激しくなっている。冬に育つ小麦のためにも十分な水は必要だが、取水口を大きく深くとると、夏の洪水で用水路があふれ耕地と村落に被害が出る可能性がある。さらに夏には濁流が大量の土砂を運んできて用水路に堆積し、水路を狭めてしまう。

取水口の研究と設計が最初の課題となった。まずは、どのような堰を造るか。堰とは川の流れをせき上げて用水路へと導く構造物。今の日本の堰は鉄筋コンクリートで、コンピューター制御の油圧電動式が一般的だが、電力を使えないアフガニスタンの田舎では採用できない。建設費が安く済み、現地の人々の手で維持管理、改修できる設備でなければ意味がない。

堰の建材として現地で調達できるのは石だ。しかし、現地の一般的な堰にならって、流れに直角の石の堰を造ろうと、巨石を並べて沈めても簡単に流されてしまう。クナール河の水量は日本の河とはけた違いに大きい。二〇〇三年の夏、増水した川の取水口予定地で濁流を眺める日が続いた。怒れる巨龍のごとき激流を前に、自らの認識不足を反省させられたのだ。

> こんなところに取水口を作るとは、我ながら無謀な計画に踏み出したものだと正直思わざるを得なかった。

『医者、用水路を拓く』

中村医師は、アフガニスタン現地はもちろん、帰国した際に時間を見つけては日本ののヒントが見つかった。

伝統的な水利・灌漑技術を求めて精力的に各地を回った。すると、故郷の福岡県に解決

ことなど二つの国の河川の類似点に気づく。アフガニスタンに近代工法は向かないから、

水利施設を見て歩いた。調べるうち、急流の河川が多いこと、冬と夏の水位差が大きい

のヒントが見つかった。

　福岡県朝倉市の筑後川に山田堰という斜め堰がある。江戸時代に造られ、二百年以上にわたって農業用水を地元の田畑に注いできた。筑後川は九州の三分の一を占める流域を持つ大河川で、穀倉地帯、筑後平野を潤している。しかし、かつて筑後川は、利根川、吉野川と並ぶ「日本三大暴れ川」の一つと言われ、人々はその水を農業に利用することができなかった。大干ばつで飢饉が発生したこともある。そこで農民たちが立ち上がり、筑後川に堰を造り川から農業用水を得ようとしたのである。

　一六六三年、堀川用水路が造られ、用水路に水を引き入れるため、川に丸太を打ち込み大石を投入し土嚢積みした井堰として建設されたのが山田堰の始まりだ。一七二二年に取水口を上流の現在地に移し、一七五七年に堤防状の斜め堰になった。一七六四年には五年かけて堀川用水を延長して灌漑面積を拡大。一七八九年には、用水路の水位より高い耕地へ水を送る揚水水車を設置した。翌一七九〇年、庄屋の古賀百工（ひゃっこう）は、堤防状の堰の先端が崩壊するのを防ぐため大改修を行い、川幅全体を総石張りにして今日の姿の原型ができた。百工の指揮のもと、一五歳以上の男子のべ六二万人が、無償で工事に参

加したという。

川幅いっぱいに大きな石を敷き詰めた「山田堰」は全国唯一の「傾斜堰床式石張堰」だ。面積はおよそ二万五〇〇〇㎡。みなが豊かな実りを夢みて、筑後川の激流に立ち向かったのだ。山田堰で取り込んだ水を水田に送る農業用水路が「堀川用水」だ。百工と農民たちはこの工事にも取り組み、およそ五〇〇haもの原野が豊かな水田へと生まれ変わったのである。

堰はなぜ斜めなのか。川の流れに対して直角にではなく、斜めに堰を造ると、越流長（川の流れが堰にぶつかるラインの長さ）が長くなり、堰に対する水の圧力が小さくなる。ただ、堤防状の堰だと水の流れはその下を掘り崩し、堰の高さを低下させる。そこで山田堰は、川床全体に広く石を敷き詰めることで、線ではなく面で水を堰上げる構造になっている。

山田堰の構造は中村医師を感嘆させた。ＰＭＳが取水口を造ろうとしていた場所に地形もよく似ている。中村医師は山田堰にならい、クナール河の流れに対し斜めに巨石を配置して積み上げ、激流にも流されない堰ができあがった。そのかいあって、〇五年四月には一部の地域で灌漑を始めることができた。

中村医師は当時、「この堰によって、先人たちの得た『水の理』を学ぶことになった」と書いている。だが、山田堰からの学びはこれで終わったわけではなかった。人間の予測を超える自然の猛威は、たびたび取水設備を破壊し、毎年のように改修を繰り返すことになった。

一〇年の夏には百年に一度といわれる大洪水が起きた。堰自体は損壊がなく胸をなでおろした中村医師だったが、水が引き始めて現れた光景に呆然とした。堰を渡していた二〇〇m四方の大きな中州が完全に流失し、そこに中心河道ができていた。堰が強靭すぎて、激流が堰の先へと押しやられ、巨大な中州を消滅させたのだった。これでは取水口側に流れが来なくなり、堰は役目を果たせない。六年かけて積み上げた実績も自負も吹き飛んだ。振り出しから取水堰の研究と設計を考え直すため、中村医師はまた山田堰に立ち戻ることになる。山田堰のそばの土手に座り、三日間一人で堰をじっと見つづけたこともあったという。

よく観察すると、山田堰は斜めの直線ではなく、ゆるやかな扇状のカーブを描いている。それは水の流れる方向に重要な意味を持っていた。斜めの直線だと、水の流れは堰を越えたあと取水口の対岸方向に向かう。二〇一〇年の大洪水で中州が消失したのはこのためだった。一方、上流に向かってゆるやかな凸状のカーブがあると、堰を越えた水の流れが中央に集められ、洪水の時でも中心河道は動かない。また曲線の方が直線より越流長が長くなり、水の圧力もそれだけ減じられる。中村医師は、先人の優れた知恵に学びながら、自然と人間との関係についての思索を一段と深めた。この時の教訓は、人間から河川を眺めるのではなく、河川の側から人里を見ることを徹底して求められたことだという。

いかに強く作るかよりも、いかに自然と折り合うかが最大の関心となった。自然は予測できない。自然の理を知るとは、人間の技術の過信を去ることから始まる。主役は人でなく大自然である。人はそのおこぼれに与かって慎ましい生を得ているに過ぎない。知っていたつもりだったが、この事態を前に、初めて骨身に染みて実感したのである。

『天、共に在り』

中村医師とPMSは、山田堰から多くを学びながらも、アフガニスタン現地の条件や経験も反映させて改良を重ね、「巨礫積み湾曲斜め堰」という完成形を産みだした。「緑の大地計画」の苦闘の実践を経てたどりついた堰を含む標準設計は、中村医師の死後、「PMS方式灌漑事業ガイドライン」(二一年)にまとめられた。そこには堰がこう記されている。

「PMS方式灌漑事業では、巨礫を河床に積み上げて堰体を構築し、巨礫や玉石で河岸や砂州への取り付け部分を補強し、上流方向に凸形状で下流方向には斜めに建設する「巨礫積み湾曲斜め堰」の取水堰形式を採用する。

山田堰に立つ中村医師（高世撮影）

山田堰（高世撮影）

洪水による浸食に強く、渇水時でも安定した取水が可能である。さらに建設コストが安く住民による維持管理がし易いという特徴があり、巨礫積み斜め堰はPMS方式灌漑事業における最大の特徴の一つである。」

中村医師が参考にしたのは山田堰だけではない。熊本県八代市の「十連樋門(ひもん)」を参考に、川の水量に応じて堰板を調整し、上澄み水を取水できる水門を計画した。また、熊本県白川流域の加藤清正によるとされる「鼻ぐり井出」を参考に、急斜面の水路で砂を押し流し、沈砂池に沈める方法を採用、堰に溝を設ける土砂吐きと合わせて、用水路への土砂堆積を抑えた。さらに、やはり加藤清正による「石刎」に着想を得て、岸辺から激しい流れを遠ざける「石出し水制」を構築。

その他、信玄堤を模した護岸法、蛇籠工、柳枝工、聖牛など、日本の伝統を参考にした利水治水技術がふんだんに取り入れられた。

この標準設計は、日本の伝統的技術の単純な模倣ではなく、現地の状況に合わせて試行錯誤を繰り返し、アフガニスタンの人々とともに独創的な工夫をこらしながらたどりついたものである。こうして、中村医師は事業を通じて日本とアフガニスタンの人々を結び付けると同時に、命を守る灌漑技術でも二つの国を融合させたのである。

建設技術者などでつくる土木学会は、日本の治水技術を使用して現地での干ばつ対策や農業生産の向上に寄与したことを高く評価し、中村医師に二〇一八年度の土木学会賞技術賞を授与した。

ペシャワール会では今後、ＪＩＣＡ（国際協力機構）やＦＡＯ（国連食糧農業機関）とも連携し、アフガニスタン各地の人々を研修してＰＭＳ方式灌漑事業を普及する計画だという。アフガニスタン全土、さらに世界へとこの方式が拡がっていき、温暖化の影響に苦しむ地域で人々の生活を支えることを期待したい。

病ではなく人間を見る

佐 なるほどね。治水っていうのが政治の基だって言われるよね。

高 そうです。そのとおりです。

佐 ちょっと話ずれるけど、私も吉野川の可動堰反対の応援に行ってたからさ。やっぱり江戸古来の知恵っていうのはすごいんだね。

高 アフガニスタンはもともと食料自給率一〇〇%の国なんですよ。これは当たり前なんです。人口の八割の農民は自給自足で貨幣経済も進んでないから、自給率一〇〇%でなければやっていけない。

そんな自給率一〇〇%の国が、二〇〇〇年の大干ばつで六〇%まで落ちちゃったんですよ。これは、日本みたいに外国から食べものを買ってくりゃいいだろ、じゃすまないんですよね。それが何を意味してるかっていうと、自給自足の農村が、事実上、食えなくなっているってことなんです。

だから、WHOもFAOもアフガニスタンが世界最大の食料危機にあると言ってたんだけど、その危機がなかなか外に伝わらなかった。これ、地球温暖化の問題でも、島が水没するとかシロクマがいなくなるみたいなことは話題にはなるけど、中央アジアがやられてて、一〇〇万人単位で餓死寸前っていうのは大きなニュースにならない。でも実は、そこが世界最大の地球温暖化の被害地だったわけです。

佐 **山下惣一**っていう佐賀のミカン農家、あの人が結構皮肉なおっさんで。

高 近頃、亡くなったでしょう。

佐 そう。あの人の話でなるほどなと思ったのは、ヨーロッパに行ったとき、自給率の低い国は戦争をしたがる国だと言われてんだって。

高 面白いですね。

山下惣一
家業である農業に携わりながら小説を執筆した「農民作家」。近代化する農業や農業政策を批判し、小説の題材とした。

佐 そのとおりだよな。だって、なくなったら分捕ってくるしかないんだからさ。

高 なるほど。

佐 だから、日本は今すごい戦争をしたがる国になってるわけだよ。

高 自給率が低いってことが安全保障上もっとも大変なことだっていうのに、なんで気が付かないんだろうな。

佐 それともう一つは、やっぱり原発。これからも再稼働とか言ってさ。あんなの、原発やられたら一発じゃない。防衛もくそもないよね。

高 ちょっと話がそれますけど、原発だって右翼左翼ないっていう感じありますよね。私の知ってる右翼は、わが神聖な瑞穂の国を原発なんかで汚すなって言ってますよ。

佐　つまり、中曽根の国鉄分割民営化に私なんかは一生懸命反対したけども、あれはやっぱり過疎を進めたんだよね。つまり、特に北海道に人の住めない土地を増やしちゃったわけでしょう。愛国に反するよね。国賊だよ、それは。

高　たしかに。

佐　人が住めなくなったらそれはもう国土がなくなるといっしょ。だから、政治とか経済っていうのは絡むんだよ、絶対ね。

高　話を戻しますけど、さっきの、つまり、用水路を造るぞって決めた時からの中村さんの行動力は普通じゃないです。だって、高校の数学からなんかやらないですよ、誰も。そんなとんでもないことを。

佐　すごく時間かかってるわけでしょ？

高　いや、それを、二年か三年でやっちゃうんですよ。ものすごい集中力で。

佐 山田堰に気づくまでも何かあるよね。

高 はい。山田堰も、悩んで悩んで、いろんなものを調べてるうちに井戸掘りを手伝ってた日本人にこんなのがあるよとヒントをもらって。

佐 蛇籠とかいうのだよね。

高 はい。よくご存じで。

佐 あれはどんなものだっけ。

高 石を鉄網の中に入れて、それを用水路の堤防にするんですね。そしてその上に柳の木を植える。そうすると根が伸びていって、石をくわえこんじゃうんですね。だから、最終的には鉄網はさびてなくなるんだけど、その時までには柳の根が石と一体化してる。そういうのも全部、中村さんが日本の伝統工法から取り入れたんですよ。現地の人ってなんでも石で造るから、生まれつきの石工で、石を扱うことは日本人よりもはるかに慣れているからうまくいったそうです。だから、よく適正技術とか言うんだけど、現地で容易に手に入れられる材料で現地の人が使える技術でやる点でも、まさにSDGsを地でいっているように思います。

佐 暮らしが先にあって、それで道具が作られるわけだからね。

高 はい。中村さんは、人々の暮らしを第一に置くという姿勢は一貫していたように思います。実は最初にらいを診察しにペシャワール行った時、中村さん、何をやるかっていうと、すぐに町中の靴屋からサンダルを買い集めるんですよ。

佐 ん？

高 あらゆるサンダルを買ってきた。患者たちが、「先生は靴屋を始めるのか」って言ってたくらい。というのは、らいは末梢神経をやられるから痛みが分からないんですね。だから足にくぎが刺さってもわからないし、傷があっても気がつかない。知らないうちに膿んでしまう。足底潰瘍というんですが、治してもまた悪くなるその繰り返し。その一因は粗悪なサンダルにある。だったら足が傷つかないサンダルを開発しようと、サンダルを分解して材料から構造まで研究するんです。それで、町の靴屋から腕利きの職人を雇って、病院の中にサンダル工房をつくっちゃった。その中村式サンダルを履かせたら患者がうんと減って、みんな助かった。

中村さんが言うのは、病気というのは、人間の不幸のごく一部だと。中村さんはつねに人間の生活全体を見てるんです。治療しておしまいじゃないんですよ。らいで入退院を繰り返すと社会生活に支障をきたす。例えば女の人だったら離婚されたり、農民だったら村から追い出されたり、周りの家族にも迷惑をかけてしまう。だから、いつも中村さんが考えてるのは、その人の暮らし、生活なんですよね。

二〇年以上中村さんを撮影し続けた**谷津賢二**さんが言うには、中村さんは診療する時は必ず患者と話をして、傷や病気のことだけじゃなくて、家族関係とか暮らしぶりを聞くんだそうです。やっぱり人間を見てる。

佐 だから、病気とか、そういう部分で見てないということだよね。

高 はい。さっきの土木技術の細分化の話じゃないけど、医者もこの傷を治療して治せばおしまい、という考え方じゃない。そこが偉いっていうか。ペシャワール会も、中村さんのそういう姿勢に引かれるから頑張って支援し続けたんだと思います。ある政治家が、二〇億円ぐらいで造った水路で六五万人を救えるんだったら、ODA

谷津賢二
日本電波ニュース社のカメラマンとして一九九八年以降二〇一九年まで中村哲医師を撮影し続けた。中村医師を描いた映画『荒野に希望の灯をともす』の監督でもある。

（政府開発援助）で一〇〇億円出してゼネコンに造らせればいいじゃないかと言ったらしいんだけど、それは全くの勘違い。よそ者を非常に警戒する人たちだし、そこに住む人々の立場に立って信頼される援助じゃないと続いていかない。しかも現地の事情に合った適正技術で。中村さんじゃなきゃやっぱりできなかったということなんです。

佐　水俣病を告発した**原田正純**さんっていう医者。**カナダの先住民族なんかにも水俣病がある**んだよね。あっちへ行って、あんまり英語得意じゃないって言ったら、現地の人が英語うまいやつは悪いやつだって。散々だまされてきたわけでしょう。そう言ったっていうの。それと似たような話だよね。

高　外国人を信用しないそうです、昔から。

佐　さんざん侵略されてひどい目に遭ってきたからね。

高　イギリス人を指す現地語の「アングレーズ」は、「敵」という意味にもなるそうです。かつてはロシア、イギリス、近年ではソ連そしてアメリカと有志連合の侵攻と立て続けにあった。外国人がアフガニスタンの人々と信頼関係を築くのは簡単ではないで

原田正純　医師。熊本大学医学部で当時まだ原因が特定されていなかった水俣病の研究に従事、「胎児性水俣病」を発見した。原因企業・国からの学内人事を含む圧力に屈さず、患者の救済のために闘った。

カナダの先住民族なんかにも〜　オンタリオ水俣病と呼ばれる。一九六〇〜七〇年代にカナダ・オンタリオ州にある先住民族の居留地で河川が水銀汚染され、健康被害が広がった。被害が報告された当初、先住民族への蔑視などから調査が十分になされず、公害は放置されたままになっていた。

すね。

第四章　平和とは戦争がないことではない

最高級の民間外交官

佐 この間、元外交官の**田中均**と対談したのね。北朝鮮に小泉純一郎を連れて行った人。やっぱり外交なんだよね。今、岸田たちの軍拡の話の中で全く触れられてないのが外交でしょう。田中均と話してなるほどなと思ったのが、「戦争は外交の失敗から起こるんです」と。外交を全く語らず、戦争を前提として政治家が軍拡をしゃべるっていうのは、ものすごくおかしいと思うのね。戦争を防ぐための外交をするのは政治家の役目なんだから、岸田たちがとうとうと軍拡や防衛をしゃべってるのは、自分たちが政治家失格だってことを言ってるとおんなじだと私は思ってるわけね。その辺が駄目だよね。

それから、満州事変の時でも、**板垣征四郎**と石原莞爾が盧溝橋事件をやるでしょ。完全に自作自演だったんだよ。でも、事件が起こった後に大使館が外交努力をやろうとするのを、「おまえら余計なことしたら射殺するぞ」と言うわけですよ。『戦争と人間』という五味川純平の映画で、その外交官の役を石原裕次郎がやったんだよ。皮肉だけど。

田中均
元外交官。アジア大洋州局長をつとめた二〇〇二年、初の日朝首脳会談を実現させ、五人の拉致被害者が帰国したことで注目を集める。

板垣征四郎
元陸軍大将。石原莞爾とともに満州事変を起こし、「満洲国」成立後は満洲国軍政部最高顧問となる。終戦後、極東国際軍事裁判においてA級戦犯として死刑判決を受け、処刑された。

高 意外ですね。

佐 慎太郎じゃなくて裕次郎がね。外交の話をね。私は中村哲っていう人は、最高級の民間外交官だったと思うわけ。日本の宝っていうのはそういう意味なんだよね。政治家が外交をやんないからさ。

高 その間違った外交をやろうとする時に、問題は、国民の側もだまされるわけですね。国民も応援しちゃうでしょう。「満蒙（まんもう）は生命線」だとかいう、ああいうフィクションを信じ込まされるわけで。アフガン戦争だって、自由だの人権だのという名目を立てて始まってる。

中村さんが国会に参考人で呼ばれた時も、あの時の日本の雰囲気は、自衛隊が行くのは当たり前だという感じになっていたように思います。事実じゃないことを信じ込まされた。だからメディアの役割はすごく重いと思うんです。

佐 西山太吉さんが何で新聞記者になったかっていうと、昭和六年生まれだから敗戦の時一四歳でしょう。ラジオと新聞、特に新聞が戦争をあおったっていうのを身に染みて知ってるわけですよ。だからそれをさせまいとして新聞記者を志しているんだよね。だから、それがあらためて問われなきゃなんないんだよね。

高 中村さんが国会の参考人の時にも強調して言っていたのは、事実と違うことが日本で報じられて、みんなが信じていること。

一つの例として、バーミヤンの仏像がタリバンに壊された時には日本で大きく取り上げられ騒がれて、日本から大金持ちがわざわざパキスタンまでやって来て、幾らでも金を出すから、仏像をなんとかしてほしいと言ってきたそうです。

ＰＭＳの人たちは、橋を架けたり用水路造るのにちょっとでも寄付してくれないかと喉まで出かかった。そのおじさんは壊れた仏像の話ばっかりするんだけど、目の前にいっぱい飢えてる人がいることは知らないわけです。

バーミヤンの仏像破壊のニュースの陰で大干ばつの被害はほとんど報じられないことに、中村さん、非常にいら立ってました。何で干ばつが報じられないかというと、干ばつ被害は緩慢な過程であって、人はバタバタとは死ぬわけではなく、体力が弱まって何らかの病気で死ぬ。餓死という形では死なない。それから、男たちが出稼ぎで何とか家族を支えようとしたりして、危機が何年かに渡って続き、ドラマチックな展開にならないから取り上げられにくい。

中村さんが強く主張していたのは、アフガニスタン難民が生まれる原因は戦争じゃなくて干ばつだよと。一番の問題は干ばつで命が危ないんだから、戦争どころじゃないだろってずっと言ってましたね。そこを伝えなかったメディアに関係する者として、私も反省してます。

佐 ドラマが欲しいってのはあるんだよね。だから日常は本来、平凡が一番いいわけだけど、それはジャーナリズムにはならないんだよね。『文藝春秋』の対談で、戦争ってのは最大の公共事業だって**秦郁彦**が言ってたな。

高 アフガンで起こったのは、一方で戦争で国土を破壊しているのに、莫大な復興資金がつぎ込まれて、世界中からNGOや援助団体がわっと集まって、全部失敗していくというマンガみたいなこと。で、アフガンの偉い人たちが復興資金を汚職でポケットに入れ、下のほうの人は兵隊になって稼ぐという構図をつくっちゃった。

佐 だから、近代とは格差を生み、格差を続けさせ、そして戦争を生むっていうことだよね。この悪循環。で、その一部の人間にとっては絶好のチャンスをつくっていくと。だから、人権っていったって、そいつらの人権なんだよね。

秦郁彦
歴史家。専門は日本近現代史、軍事史。特に第二次大戦に関する多数の論考を著している。

高　そうですよ。だから大量のお金が流れ込み、近代化されて一見華やかな首都のカブールでは、道ばたに倒れてる貧しい人には誰も温かい手を差し伸べずに見捨てられている。これが「人権」の尊重される近代化された街なんですね。

佐　そう。

高　今、アフガンはWHOなどによれば餓死線上が一〇〇万人っていうとんでもない状況になってます。前の親米政権時代は、国家予算の八割ぐらいが援助でやっていたのに、それを全部引き上げられて、なおかつ経済制裁で政府のお金は封鎖されている。だからもうタリバン政権、大変です。

国連が何とか人道支援だけは制裁の対象外にすると言って食糧を配ったりしてるけど、もらうだけでは根本的な解決にはならない。最終的には農村を復興するという、中村さんが目指したことしかないんです。

タリバンとIS

佐 中村さん、襲われて亡くなるわけでしょう。その背景とかはもうはっきりしてるの？

高 いや、まだはっきりしてないと思います。アメリカが侵攻してタリバンが権力を失ったあと、大小の軍閥がはびこって、政治信条などと関係なく、ならず者グループがいっぱいできました。食いっぱぐれた農村の若い衆がそういう集団に引き込まれたりもして。

そのひどい状態は、現在のタリバン政権下で大きく改善されて、今アフガニスタンはここ四〇年くらいでもっとも平和で治安のよい時代になってると思います。

ただ、たまにIS、イスラム国のテロがあって、タリバン政権の一番の取り締まり対象になっています。私がカブールで夕食を食べた中国系ホテルのレストランが、私が帰国して一カ月ぐらいしたら爆破テロでやられたとのニュースを見ました。

今、日本ではタリバンもイスラム国もアルカイダもみんな同じような「イスラム教のテロ組織」みたいに見られますけど、実は全然違っていて、タリバンはアフガン土着の田舎者のイスラム主義者で、ISやアルカイダは世界革命を狙ってる人たちです。タリバンはニューヨークまで出張したりしません。

佐 だからベトナム戦争の後に、だんだんやっぱり似てくるよね。

高 はい、本当にそうです。アメリカの軍隊がやって来て戦争して負けて帰っていった。その時にも、やっぱり自由と民主主義を掲げていましたし、アフガンでも結局負けて帰っていった。

アフガニスタンにじゃぶじゃぶつぎ込まれた復興支援金の拠出国のナンバー2が日本だったっていうことは、私たちもちゃんと知っとくべきで、しかも自衛隊が参戦したわけですから。自衛隊が軍隊じゃないなんてことは日本国内だけに通じる話で、ジャパニーズ・アーミー（日本軍）と現地で報道されています。

日本大使館は、自衛隊派遣にあたってPMSに通達を出しました。日の丸は危ないですよ、気を付けてくださいって。中村さんたちはその前に日の丸を消していました。その時のことを当時看護部長をやってた藤田千代子さんが、日章旗とJAPANという文字をみんな消して出発する車を見た時に涙が出たって言っています。中村さんたちは日本を背負う気概を持つ愛国者たちなんです。まさに先ほどおっしゃった、民間外交官ですよね。

佐 外交官っていうのは、そんなに仲良くない国に行かなきゃ。そこで外交するんだよね。親しい国と外交したって、それは外交じゃないんであって。大体その親しさったって、こっちの思い込みでしょう。つくづく思うんだけど、そんなアメリカ、原爆を落とした国をどうして信じられるんだっていうね。

高 それは私も、アフガニスタンでも中東でも聞かれましたね。「おまえの国、原爆落とされてあんなにひどいことされて、なんでアメリカと親しいの?」って。

中村さんたちは民間外交官としてすばらしい働きをしたんですが、一方日本政府、日本国民はというと、復興支援っていう形でお金をどんどんつぎ込んで親米政権を支えたこと、それから自衛隊を派遣して参戦したことについてちゃんと総括しないといけないんだけど、全然そうなっていませんね。イラク戦争については、参戦した国によっては、大量破壊兵器があるという侵攻の理由は間違いであったと検証してます。日本の場合はアフガンもイラクももう一切関係ないって感じですね。

佐　いや、関係ないってよりは、アメリカがアフガンを邪魔だと思ってるから、日本も同調して忘れ去らせようとしてる力がずっと働いているんだと思いますよ。だからこそ、中村哲を否定する人たちに届けなきゃなんない。

日本とアフガニスタン——過去から未来へ

アフガニスタンでは、日本人がよく「あなたの国はアフガニスタンと独立記念日が同じですね」と語りかけられる。これには何の根拠もないのだが、知識層をはじめ国民に広く信じられている。アフガニスタンの人々にとって日本は、世界の数ある国のなかでも別格なのだ。

世界で一番親日的な国はアフガニスタンだと中村医師もいう。

当のアフガン人さえ行けぬ地域で活動できたのも、行政筋が許可を与えるのも、JAPANという名を背負っていたからである。現地では、ちょうど日本人がスイスに憧れるように「美しい平和な国」というイメージがあると同時に、「唯一西欧列強に伍すアジアの雄」という尊敬があったようである。後者の思い入れは特に旧世代で強く、軍人の間で日本はアイドルだという。実際、日本について、日露戦争、太平洋戦争、ヒロシマ・ナガサ

「新ガリバー旅行記(44) 親日」西日本新聞、二〇〇〇年八月二四日

アフガニスタンの首都カブール（高世撮影）

キなら、誰でも知っている。

これには歴史的な背景がある。アフガニスタンは一九世紀以降、英露の勢力圏抗争「グレート・ゲーム」の舞台となり、北からロシア、南のインドから英国が進出して衝突、国家存亡の脅威にさらされた。英国とは三度にわたる戦争を戦い、一時は保護国になる屈辱を受け、激しい抵抗運動も起きた。英露への恨みは今も続き、現地語で「アングレーズ（英国人）」は「敵」の代名詞になっており、「ロンドンに行け」が「死ね」という意味で使われる。そのアフガニスタンの人々は、アジアの小国だった日本が大国ロシアに勝ったことを称賛し、宿敵英国と戦った太平洋戦争で原爆の廃虚から立派に復興したことに敬意を持つのである。

中村医師が現地のPMSの車両すべてに日章旗を描いていたのも、親日感情を「安全保障」に利用しようと思ったからだった。

我々の現地活動がご先祖さまの働きのうえにあることは否応のない事実である

同右

日本とアフガニスタンの関係をさかのぼってみよう。

アフガニスタンという国名が成立したのは早くても一九世紀末で、それ以前の文物の伝来としては、正倉院に残る「ラピス・ラズリ」がある。和名は瑠璃で、世界中で珍重された深い青色の鉱物である。また玄奘三蔵の天竺(インド)への旅の見聞を記した『大唐西域記』にはバーミヤンの大仏などが登場する。明治に入って一八八七年、大阪朝日新聞がバーミヤンの大仏を絵入りで紹介するが、当時の新聞購読者はごくわずかで、このころまではアフガニスタンが日本で意識される機会はきわめて少なかった。

近代に入っても、両国は互いにほとんど意識しなかったが、日露戦争(一九〇四〜〇五年)での日本の勝利で、アフガニスタンの目が日本に向けられる。アフガニスタン側から国交樹立のアプローチがなされたが、旧宗主国の英国との関係を憂慮する日本側は消極的な対応に終始した。アフガニスタンと日本の国交は、一九三一年七月に公布された日本アフガニスタン修好条約によってようやく開かれた。一九三三年八月にはアフガニスタンが東京に、一九三四年一一月には日本がカブールに公使館を開設した。

第二次世界大戦中、アフガニスタンは中立を維持したが、連合国側からドイツ人、イタリア人の国外追放を求められた。日本人は留まり、敗戦による公使館員の引き揚げにあたってアフガニスタン軍が現在のパキスタンとの国境まで護衛したことが日本への厚意として語られている。

戦後の外交関係は数年間の空白を経て、まず在アフガニスタン日本国公使館が再開され、一九五五年に日本国大使館へと昇格。一九七一年には皇太子明仁親王、皇太子妃美智子(当時)がアフガニスタンを初訪問するなど、良好な関係が続いていた。しかし、一九七九年のソ連軍によるアフガニスタン侵攻の後、複数回の政変が起きるが日本はいずれも正式な政府と認めず、臨時大使だけを置き、一九八九年二月にはカブールの大使館を閉鎖した。

アフガニスタンの駐日外国公館は一九三三年に公使館として設立され、一九五六年には大使館に昇格しているが、一九九七年のタリバンによるカブール制圧以降、閉鎖状態となった。二〇〇一年一二月二二日、日本はタリバン政権が崩壊したあとに成立した暫定政権を正式な政府と認定、二〇〇二年カブールの大使館業務を再開、アフガニスタンもまた東京の駐日アフガニスタン大使館の業務を再開した。

二〇二一年八月一五日、タリバンのカブール制圧の後、日本政府は在アフガニスタン大使館職員を退避させ、九月一日から大使館臨時事務所をカタール・ドーハに置いている。いまも日本政府はタリバン政権を承認しておらず、外交関係を持っていない。

また、タリバン政権の樹立に伴い駐日大使館への送金が停止されたが、前政権時代に任命された最後の駐日大使が「アフガニスタン大使」として引き続き日本に駐在している。こうして現在、日本とタリバン政権のアフガニスタンとは不正常な外交関係が続いている。

私たちとして考えるべきは、アフガニスタンの人々を苦しめた長い戦乱における日本の役割と責任だろう。

九・一一同時多発テロの後、米軍がアフガニスタンを空爆すると、日本政府は米軍などの「対テロ作戦」を後方支援することを決めた。「テロ対策特措法」を成立させ、二〇〇一年一一月から海上自衛隊をインド洋に派遣し給油活動に従事させた。政府は、直接の戦闘行為ではないというが、アフガニスタンに侵攻し膨大な数の民間人を殺害した米軍を、自衛隊は兵站という重要な役割で軍事的に支援した。現地の人々から見れば、侵略軍の一つである。

さらに日本は、タリバン政権崩壊後に米国主導で立ち上げたアフガニスタンの前政権を二〇年間にわたり、七五〇〇億円超という莫大なお金をつぎ込んで支え続けた。日本はアメリカに次ぐ最大のスポンサーだった。結局、アメリカは敗れて撤退し、日本が支えてきた政権は崩壊した。残されたのは膨大な犠牲者と荒廃しきった国土である。

日本人のほとんどは意識していないかもしれないが、日本はこの戦争の当事国であって、いまのアフガニスタン国民の苦しみは他人事ではないはずである。

アフガニスタンはタリバンの統治になって二年が過ぎたが、いまも深刻な食糧危機が続いている。日本は、人々の命を守ることを第一に据え、私心の無い支援でアフガニスタンの戦後復興を後押しすることが求められている。

日本を憂える

高　中村さんは現地からペシャワール会の会報に報告を寄せる時、日本はこれでいいのかと、厳しく批判する文章をしばしば書いています。中村さんにとっては日本だって平和じゃないんですよ。「平和とは戦争がないことではない」と中村さんは言います。例えば東日本大震災の後には、「物騒な電力を使って」まだ原発をやめないつもりかと。いろんな表現で、「日本ってほんとに今平和なの？」というメッセージを発してますね。

「辺境から垣間見る『文明世界』もまた、大きな転機に立っている」とか、「われわれはどこに流されているのか。次の世代に残すべきものは何か。今こそ知恵を尽くして真剣に問うべきだ。それが戦争や経済成長でないことは確かである」とか。

中村さんたちの活動が「日本にとってもささやかな希望となることを祈る」と言って、日本も変わらないとえらいことになるよというメッセージを書いてました。

佐　ＯＤＡ使って復興支援すればいいって日本の政治家が言ったけど、彼らの発想は企業なんですよ。会社の発展が経済。でも、中村の感覚では暮らしなんだよね。

高　次世代に遺すのは経済成長じゃないって言ってますね。

佐　経済は難しいとかって竹中平蔵あたりは言うけどそうじゃなくて、暮らしの話なんだから全然難しくも何ともないんですよ。ところが日本の場合は、会社が勝手なことをできるのが経済だって思ってて、それで暮らしが圧迫されていくわけですよね。それを中村さんは分かってたんでしょうね。

高　「国の威信の神髄は、武力やカネではない。利に惑わされて和を失い、先祖が営々と築いた国土を荒廃させる。豊かな心性を失い、付和雷同して流されるさまは危機的である」と。「戦乱のアフガンから日本の行方を祈りたい」とまで言ってます。

中村さんの日本への思いを知ると、「中村さんは立派です、すばらしい」で終わらせないためには、私たちが何をやるかっていうことを考えるほかない。中村さん自身、議論じゃない、とにかく行動だと。具体的に何かをやるか考えろって言ってます。

佐 中村さんのところにも若者がたくさん行ってるよね。

高 はい、日本の若者がアフガニスタンに手伝いに来ると、もう何も教えずに現場にぽんと出したそうです。すると、スコップもろくに使えず、ウロウロして戸惑う、そこから始まって人にとって大切なものは何かを考えさせる。

若者といえば、いま、高校とか大学なんかでペシャワール会の会員と寄付を寄せる人は、ペシャワール会の活動をする人が出てきているそうです。ペシャワール会の会員と寄付を寄せる人は、中村さんが亡くなってから三年で一万人も増えたと聞きますが、その中に若い人たちもいる。

中村さんの座右の銘に「一隅を照らす」があります。国際貢献とか世界平和とか大きなことを考えなくていい、地球の片隅、あなた方の身の回りから、あなた方が精いっぱい努力するってことをやればいいんだと。ちょっと読んでみますね。

「一隅を照らすというのは、一つの片隅を照らすということですが、それで良いわけでありまして、世界がどうだとか、国際貢献がどうだとかという問題に煩わされてはいけない。

それよりも自分の身の回り、出会った人、出会った出来事の中で人としての最善を尽くすことではないかというふうに思っております。

今振り返ってつくづく思うことは、確かにあそこで困っている人がいて、なんとかしてあげたいなあということで始めたことが、次々と大きくなっていったわけですけれど、それを続けてきたことで人間が無くしても良いことは何なのか人間として最後まで大事にしなくちゃいけないものは何なのか、ということについてヒントを得たような気がするわけです。」

中村さん自身、最初から平和だとか、国際貢献だとか言って飛び込んだんじゃなくて、チョウチョと山が好きで、たまたま目の前に助けなきゃならない人がいたから助け、そのままずっとやってきたら、今六五万人の人を支えるまでになったんだと。

この言葉で中村さんが私たちを励ましてくれていると受け止めました。だから、私たちとしては自分にとっての一隅、片隅って何なんだと考えながら、具体的にご縁として遭遇する人や事柄に真心を持って対応していくことだと思います。

佐 『荒野に希望の灯をともす』という彼の映画を見たある女子高生が、「信頼できない大人ばかり見てきたけれども、こんなに信頼できる大人がいたんですね」っていう、この言葉に応えて、中村さんのやってきたこと、やろうとしたことをあらためて示すっていうのが、この対談の狙いですよね。

ただ、その時に私は繰り返し言いたいのは、中村哲さんが何と闘ったかっていうことなんだ。その闘ったほうのとんでもないやから、つまり、敵にとって物足りないんだけど、岸田みたいな罪の意識のないやつらを浮き彫りにしていかないと、中村さんのほんとうにすごさもわからないというのは、私は何回も強調したいんだよね。

だから、中村さんが国会の参考人質問でしゃべった時、それに対して自民党の政治家はすごいやじを飛ばして非難した。この国では、あなたが仰ぎ見る人が、これだけ非難にさらされたんだぞと。その非難するやつらは、残念ながら多数だということを。

高 やじで、中村さんが発言を遮られる。参考人で呼ばれてるのに、さっきの発言否定してくださいとまで言われましたね。

佐 私もそういうのに遭ったから分かりますよ。そいつらの顔まで覚えてる。でも、中村さんもそいつらが多数派だっていうのは分かってると思いますよ。ある意味こいつらとの闘いなんだって。テリー伊藤の『お笑い大蔵省極秘情報』(飛鳥新社)で、大蔵官僚がノーパンしゃぶしゃぶに行った話をしながら、田中真紀子なんて税金ですぐ抑えられるとかっていうことを言ってるわけだよ。で、**それをそこで読み上げたんだよ、国会で。**そしたら、そういう下品なことを言っていいのかって。おまえらが一番下品だ、ばかやろうって、まあ、言わなかったけども。大蔵官僚の手先みたいな**越智通雄**とか、わーって言ってきましたよ。

それをそこで読み上げたんだよ〜
一九九七年二月の衆議院法務委員会に佐高信は参考人として呼ばれ、議論のなかで大蔵官僚の腐敗をテリー伊藤『お笑い大蔵省極秘情報』を引用して批判した。

越智通雄
元衆議院議員、大蔵官僚。議員時代には金融再生委員長などを歴任。

その時に一番悲しかったのは、朝日新聞、毎日新聞が無視なんだよ。書いてないわけ。こっちがある種身をていしてそれを言ってるわけなのにね。でも産経と読売が書いたんだよ、冷かし半分にでも。

高 冷かし半分に。

佐 そう、冷かし半分にでも書いた。そういう朝日と毎日の体質が俺は嫌いなわけ。それじゃ闘えないよ。自分たちは政策論議をするとか言うんでしょ。でも、あそこには大蔵官僚の本音、政治家は俺たちがコントロールしてるっていう、そういうのが露骨に出てるわけですよ。あの時は産経と読売に新聞変えようかなと思った。冷かし半分でもちゃんと書いてんだもん、あいつらが激怒したとかって。

高 中村さん、講演会の後でよく若い人なんかに「じゃあ私たち、何かやれることあるでしょうか」って聞かれるそうです。その時に言うのがさっきの「一隅を照らす」。

佐 逆効果になるのかもしんないけども、聞くなって私なんか言いたくなるの。それは自分が探す話であって、いい人、優等生ほど誰かの言うことを聞いちゃう。ものすごく極端なことを言うと、信じるのが中村哲か統一教会かの違いだけみたいな。自分がどうしていくかは自分で探すしかないんだから。中村さんだって人が言うことを聞いてきた人生じゃないだろうし、そんなこと人に聞くなよ。だから、中村哲っていう人がこういうことをやって、まさに背中で教えてるわけでしょ。そういうことを人に聞かない若者を育てないといけないんだよ。

高 近頃の若者はって話ですね。

佐 若者だけじゃないけど、大人もどうしたらいいんですかって聞くんだよ。

高 佐高さんも聞かれるんでしょ。

佐 聞かれるんだよ。そんなん知るかって。あなたの生き方を俺がなんで指示するのかって。その従順さが、いつまでも乾かないこの日本の湿った精神風土の元凶なんじゃないの。だから、中村さんはもう言いたくなかったと思うよ、そういうことは。

高 中村さん、若者へのアドバイスに「犬も歩けば棒に当たる」とも言うそうです。みんな、どっと笑っちゃう。若いんだから失敗を恐れずに、何かやっていけば、そこでまたご縁がつながっていくと。

佐 正解はないんだよ。正解なんてないんです。最近亡くなった映画評論家の**佐藤忠男**が、日本のやくざ映画とアメリカの西部劇の違いを書いてるのよね。日本だと、「親分、なぜ死ねと一言おっしゃってくださらないんですか」って言う。西部劇は、「指図は受けねえ」って子分が言う。そっちだと思うんだ、俺。なんで教えを請うわけ。生き方まで教えられなきゃいけねえのかっていう。

それで、さらに発展するのは、経済評論家の**長谷川慶太郎**とか、竹中平蔵とか、あいつらはああしろこうしろって間違った答えをどんどん断定して出すわけ。でも、内橋克人さんとか私は問いかけるわけでしょ。そうすると、答えを出さないって批判すんだよ、われわれに対して。

おまえら、一五〇〇円の本読んで生き方を教えろなんて、乞食根性じゃねえかって。中村さんはきっとイライラ隠して、「犬も歩けば棒に当たる」って言ったんだよ、それは。

佐藤忠男
日本を代表する映画評論家。評論とともに、アジア各地の優れた映画を日本に紹介する活動にも従事した。

長谷川慶太郎
経済評論家、日本個人投資家協会初代理事長。

高 中村さん、こういう言い方もしてます。今の若い人への批判もあるが、結局それは世の中がそういうふうになってるからなんじゃないのかと。若者が悪いんじゃなくて、やるべきこと、やってはいけないことが分からない世の中になってる。

佐 だから、統一教会の話でも、受験戦争の括弧付きの勝者たちが、みんな大学で原理研に入ってくわけでしょ。

高 真面目な人がね。

佐 ひねくれろっていうの。それは真面目さの延長なんだよ。教えてください、生き方を、とかさ。日本で統一教会はすごくはびこってるわけでしょ。創価学会だって似たようなもんだよ。あれだって全部生き方を教えてくださいっていう話だよな。指図は受けねえって言ってみろっていうの。

高 青春の迷いというのはいろいろあると思うんだけど、中村さん自身も中学生の時に洗礼を受けてキリスト教徒になります。そして強迫神経症になって、若い女性の前ではしゃべれないくらいになる。で、**フランクル**を読み始める。おそらくその影響

ヴィクトール・フランクル
オーストリアの精神科医、心理学者。ユダヤ人としてナチスの強制収容所に入れられ、そこで生き抜いた体験を書いた『夜と霧』で知られる。患者が自ら生きる意味を見出す手助けをする心理療法「ロゴ・セラピー」を編み出した。

で精神科医を志していく。だから、中村さんもすごく悩んで迷った青春だったと思います。

佐　そう。だから、迷えとしか教えられないのよ、そんなの。

高　講演会の後に、「じゃあ私たち何をしたらいいでしょう」っていうのも、素直な質問だと思いますけどね、ある意味。

佐　答えちゃ駄目なんだよ。そうしたら、何か偉い感じの人が来たらみんな従っていくじゃない。それを絶たなきゃなんない。中村さんがその時に答えを自分で探しなさいって言って、自分なりに中村さんの生き方を探ればいいわけで。

高　そうですね。

おわりに

高世 仁

中村哲医師の生き方をたどった映画『荒野に希望の灯をともす』が、去年七月の上映開始以来、ドキュメンタリー映画としては異例の観客動員数を記録し続けている。

監督は日本電波ニュース社の谷津賢二さん。映画は谷津さんが撮影してきた一〇〇〇時間におよぶ映像で構成されている。谷津さんが中村さんを取材し始めたのは一九九八年四月。当時は私も同じ日本電波ニュース社に勤務していた。その後私は退社して独立したが、機会あるごとに谷津さんに会い、取材の土産話を聞くのが楽しみだった。毎回、谷津さんが語る中村さんの仕事ぶりや人柄にまつわるエピソードの数々に引き込まれ、私はすっかり中村さんという人間に魅了されてしまった。私と中村さんのご縁はここから始まる。

中村さんに初めてお会いするチャンスは二〇一二年に訪れた。今から思うと不思議なめぐりあわせだが、当時私は福岡県朝倉市で山田堰などの歴史的農業遺産を映像作品としてまとめる仕事をしていた。「暴れ川」クナール河から用水路への取水という中村さんがぶつかった難問を解決してくれたのが山田堰である。ついては、ぜひ中村さんのインタビュー映像がほしい。一時帰国中の貴重な時間をいただき、山田堰までご足労願った。堰の前に立ち、昔の日本人の自然と同居する知恵について中村さんは熱く語ってくれた。

去年の秋、私はアフガニスタンを訪れ、中村さんが手がけたプロジェクトを訪れた。灌漑で浴されたかつての荒野は、美しい緑の大地に生まれ変わり、畑を耕す農民たちの姿があった。三度のメシを食って家族と暮らすのが平和なんだと中村さんは言ったが、それがここに実現されている。クナール河に導入された「山田堰方式」の堰を前に、これが「平和」を支えたのかと感慨深かった。堰は、中村さん亡き後も、現地の人々の手でしっかりと補修、管理されており、さらに新たな用水路の建設プロジェクトまで始動していた。農村復興をやり遂げようとする農民たちの姿に、中村さんの平和への遺志が確実に引き継がれているのを感じた。

プロジェクトを案内してくれたのは、現地PMSのリーダー、ジア・ウル・ラフマン医師で、ながく中村さんの片腕となってきた人物だ。ジア医師は中村さんをこう評している。

「すばらしい医師でありエンジニアでしたが、それ以上に哲学者でありました」。

ジア氏の指摘に、わが意を得たりと思った。中村さんの偉業は、独自の哲学があってはじめて成し遂げられたものだった。

もう十年以上前になるが、「毒入り餃子事件」があった。農薬の混入した中国製の冷凍餃子を食べた人が体調を崩し、大きな騒ぎになった。澤地久枝さんとの対談で、中村さんは当時の激しい中国バッシングには同調しなかったと語っている。

中村：私が素直に中国を非難できなかったのは、ギョウザぐらい自分でつくったらいいのに、ギョウザもできないのかと（笑）。

聞いたら、小麦粉も十三パーセントしかつくっていないと…。因果応報というやつですよ。自分の手を汚し、汗を流してつくったものがまっとうでしょう。人の労働を安く買って、それで食ってるということの報いですよ。

澤地：それは、人間として卑しいですよね。

中村：頭が古いせいかもしれませんけれども、これは、日本人の道徳にもとる時代だと思いますね。

『人は愛するに足り、真心は信ずるに足る　アフガンとの約束』二〇一〇年、岩波書店（澤地久枝との対談集）

まるで頭の古いおやじの説教だが、よく考えてみると正論と認めざるを得ない。その中村さんの目には、かつての「日本の文化や伝統、日本人としての誇り、平和国家として再生する意気込み」が息づく時代は去り、「進歩だの改革だのと言葉が横行するうちに、とんでもなく不自由で窮屈な世界になった」と見える。

愚直に人の命を救い平和を訴えながら、「人間の忘れてはならぬ何物か」を絶えず問い続けてきた中村さんのぶれない生き方は、ますます閉塞感きわまる世の中にあって、まさに希望の灯のように見えてくる。

「信頼できない大人ばかり見てきたけれど、こんなに信頼できる大人がいたんですね」

これは対談のなかで佐高信さんが紹介している（二〇二頁）が、映画『荒野に希望の灯をともす』を観た一七歳の女子高生の感想だ。

そのとおり！　と思う一方で、自分ははたして「信頼できる大人」になれているのかとわが身を振り返る。このごろ気になるのは、同年配の人たちから「おれたちは逃げ切れるよな」という言葉をよく聞くことだ。週刊誌にも「五〇代は『逃げ切り世代』か」などという記事が載る。社会保障の破綻はじめ予測される悲惨な未來からの「逃げ切り」のことである。そこには「人生の目的は自分（だけ）が幸せになること」で、「死んだらオシマイ、せいぜい生きてるうちに楽しもう」という、利己的で刹那的な人生観がある。あとは野となれ山となれ。

こんな時代に、中村さんの言葉は凛と響く。

「己が何のために生きているかと問うことは徒労である。人は人のために働いて支え合い、人のために死ぬ」

「我々がこだわるのは、世界のほんの一隅でよいから、実事業を以て、巨大な虚構に挑戦する良心の健在を示すことである。万の偽りも一つの真実に敗れ去る。それが次世代への本当の遺産となることを信じている」

生きにくい世にあっても、自分にとっての「一隅（いちぐう）」をまっとうに生きたい。そんな願いをもちながら、これからも中村哲医師が伝えてくれたメッセージをかみしめていこうと思う。

なお、執筆にあたっては本書の中で挙げた資料以外に以下を参考にした。

中村哲『医は国境を越えて』(石風社)
中村哲『わたしは「セロ弾きのゴーシュ」』(NHK出版)
中村哲『希望の一滴――中村哲、アフガン最期の言葉』(西日本新聞社)
中村哲『アフガニスタンで考える――国際貢献と憲法九条』(岩波ブックレット)
中村哲『アフガン・緑の大地計画(改訂版)』(PMS・ペシャワール会)
中村哲「アフガン難民援助の虚像と実像」(中沢鉄平のペンネームで執筆『エコノミスト』一九八八年九月六日号)
中村哲「恐怖政治は嘘、真の支援を」(『日経ビジネス』二〇〇一年一〇月二二日号)
中村哲「孤立のアフガン」(『宣伝研究』二〇〇一年一二月一日号)
中村哲「爆弾の雨よりパンと水」(広岩近広『わたしの平和と戦争』集英社所収)
徳永哲也ほか「中村医師が〝山田堰〟をもとにアフガン沙漠を緑の大地に拓く」(『水土の知』二〇二〇年一二月号)
高世仁「アフガニスタンで起きていること――タリバン政権はどこへ向かうのか」(『望星』二〇二二年四月号)
『中村哲　思索と行動』(ペシャワール会発行　忘羊社)
『PMS方式灌漑事業ガイドライン』(JICA)
宮田律『武器ではなく命の水をおくりたい――中村哲医師の生き方』(平凡社)
丸山直樹『ドクター・サーブ――中村哲の15年』(石風社)
杉山大二朗『仁義ある戦い――アフガン用水路建設まかないボランティア日記』(忘羊社)
松島恵利子『大地をうるおし平和につくした医師　中村哲物語』(汐文社)
濱野京子『中村哲(伝記を読もう28)』(あかね書房)
青木健太『タリバン台頭――混迷のアフガニスタン現代史』(岩波新書)
山本忠通、内藤正典『アフガニスタンの教訓――挑戦される国際秩序』(集英社新書)
中田考『タリバン復権の真実』(ベスト新書)
アジア経済研究所『アフガニスタン国家再建への展望』(明石書店)
高橋博史『破綻の戦略――私のアフガニスタン現代史』(白水社)
『アフガニスタンを知るための70章』(明石書店)
映画『医師 中村哲の仕事・働くということ』(製作：日本電波ニュース社)
その他、『ペシャワール会報』、『西日本新聞』はじめ新聞各紙

［著者紹介］

佐高 信（さたか・まこと）

一九四五年、山形県酒田市生まれ。慶應義塾大学法学部卒業。高校教師、経済誌編集長を経て、評論家となる。主な著書に、『なぜ日本のジャーナリズムは崩壊したのか（望月衣塑子との共著）』（講談社＋α新書）、『池田大作と宮本顕治』（平凡社新書）、『総理大臣菅義偉の大罪』（河出書房新社）、『国権と民権（早野透との共著）』『いま、なぜ魯迅か』『反戦川柳人 鶴彬の獄死』（集英社新書）、『反――憲法改正論』（角川新書）、『佐藤優というタブー』『当世好き嫌い人物事典』『佐高信 評伝選（全七巻）』（旬報社）など多数。

高世 仁（たかせ・ひとし）

一九五三年、山形県生まれ。ジャーナリスト。早稲田大学法学部卒業。日本電波ニュース社勤務を経てテレビ制作会社「ジン・ネット」を設立。報道・ドキュメンタリー番組を数多く制作してきた。現在はフリー。著書に『拉致――北朝鮮の国家犯罪』（講談社文庫）、『ジャーナリストはなぜ「戦場」に行くのか（共著）』（集英社新書）、『チェルノブイリの今――フクシマへの教訓』（旬報社DVD BOOK）、『イスラム国とは何か（常岡浩介との共著）』『自由に生きていいんだよ（森本喜久男との共著）』（旬報社）ほか。

中村哲という希望
日本国憲法を実行した男

二〇二四年一月二五日　初版第一刷発行
七月一八日　第四刷発行

著者……………佐高信、高世仁
ブックデザイン……宮脇宗平
編集担当…………熊谷満
発行者……………木内洋育
発行所……………株式会社旬報社
〒一六二－〇〇四一　東京都新宿区早稲田鶴巻町五四四
TEL 03-5579-8973　FAX 03-5579-8975
ホームページ　https://www.junposha.com/

印刷・製本………中央精版印刷株式会社

©Makoto Sataka, Hitoshi Takase 2024, Printed in Japan
ISBN978-4-8451-1845-8